Dieses Buch gehört:

WAS IST WAS Erstes LESEN

Christina Braun

# Ozeane

TESSLOFF

## Hallo!

Ich bin Otto, der Oktopus. Die Ozeane sind mein Zuhause. Stell dir vor: Meine Vorfahren gab es schon vor über 550 Millionen Jahren. Wir Oktopusse sind superstark. Außerdem können wir blitzschnell schwimmen und richtig tief tauchen. Jeden Tag gehe ich auf Entdeckungstour. Dabei treffe ich immer viele tolle Meeresbewohner. Und sogar versunkene Schiffe habe ich schon erkundet. Komm doch mit und tauche ein in meine Welt!

# Inhalt

# Die Ozeane der Welt

Meer ist nicht gleich Meer!
Unsere Ozeane haben sehr
unterschiedliche Gesichter.

## Viel, viel Wasser

Leuchtend blau glitzert das Meer in der Sonne.
Wellen plätschern an den Strand.
Das Wasser ist heute ruhig und friedlich.

Doch das Meer kann auch anders aussehen.
Wenn ein Sturm aufzieht,
ist es plötzlich grau und aufgewühlt.
Meterhohe Wellen krachen dann
mit voller Kraft an die Küsten.

Vor allem unter der Wasseroberfläche
ist in den Meeren und Ozeanen viel los.
Überall gibt es spannende und geheimnisvolle
Unterwasserwelten zu entdecken.

## Voller Leben

Die Meere und Ozeane der Erde
sind viel mehr als nur Wasser.
Sie dienen vielen Tieren und Pflanzen
als Lebensraum.
Hier tummeln sich jede Menge Fische
und andere interessante Meeresbewohner.

Bunte Unterwasserwelt

Ozeane beeinflussen außerdem
das Klima auf unserer Erde.
Durch Wind und Meeresströmungen
bewegt sich das Wasser.
So gelangt zum Beispiel kaltes Wasser
vom Südpol bis zum Äquator.
Es kühlt die Kontinente drum herum.

## Ozean oder Meer?

Ozeane nennt man die großen Wasserflächen zwischen den Kontinenten.
Die drei größten Ozeane sind der Atlantische Ozean, der Pazifische Ozean und der Indische Ozean.

Manche Meeresforscher zählen auch die Polarmeere am Nordpol und am Südpol zu den Ozeanen.
Sie heißen dann Arktischer und Antarktischer Ozean.

Auf dem Antarktischen Ozean schwimmen Eisberge und meterdicke Eisschichten.

Das Mittelmeer liegt zwischen den Kontinenten Europa und Afrika.

## Was ist ein Meer?

Meere sind viel kleiner als Ozeane und zum Teil von Land eingeschlossen. Zu den Meeren gehören zum Beispiel das Mittelmeer, das Schwarze Meer, die Ostsee und die Nordsee. Auf der Erde gibt es etwa 80 Meere. Sie alle sind mit den Ozeanen verbunden.

**Hast du gewusst ...**

... dass die Ozeane einst ganz anders aussahen? Vor etwa 300 Millionen Jahren gab es nur einen Kontinent und einen riesigen Ozean auf der Welt.

**Vor 300 Millionen Jahren**

**Heute**

## Die Ozeane der Welt

Die Erde wird oft Blauer Planet genannt. Wenn du die Weltkarte betrachtest, erkennst du gleich, warum das so ist. Mehr als zwei Drittel der Erdoberfläche sind nämlich von Wasser bedeckt.

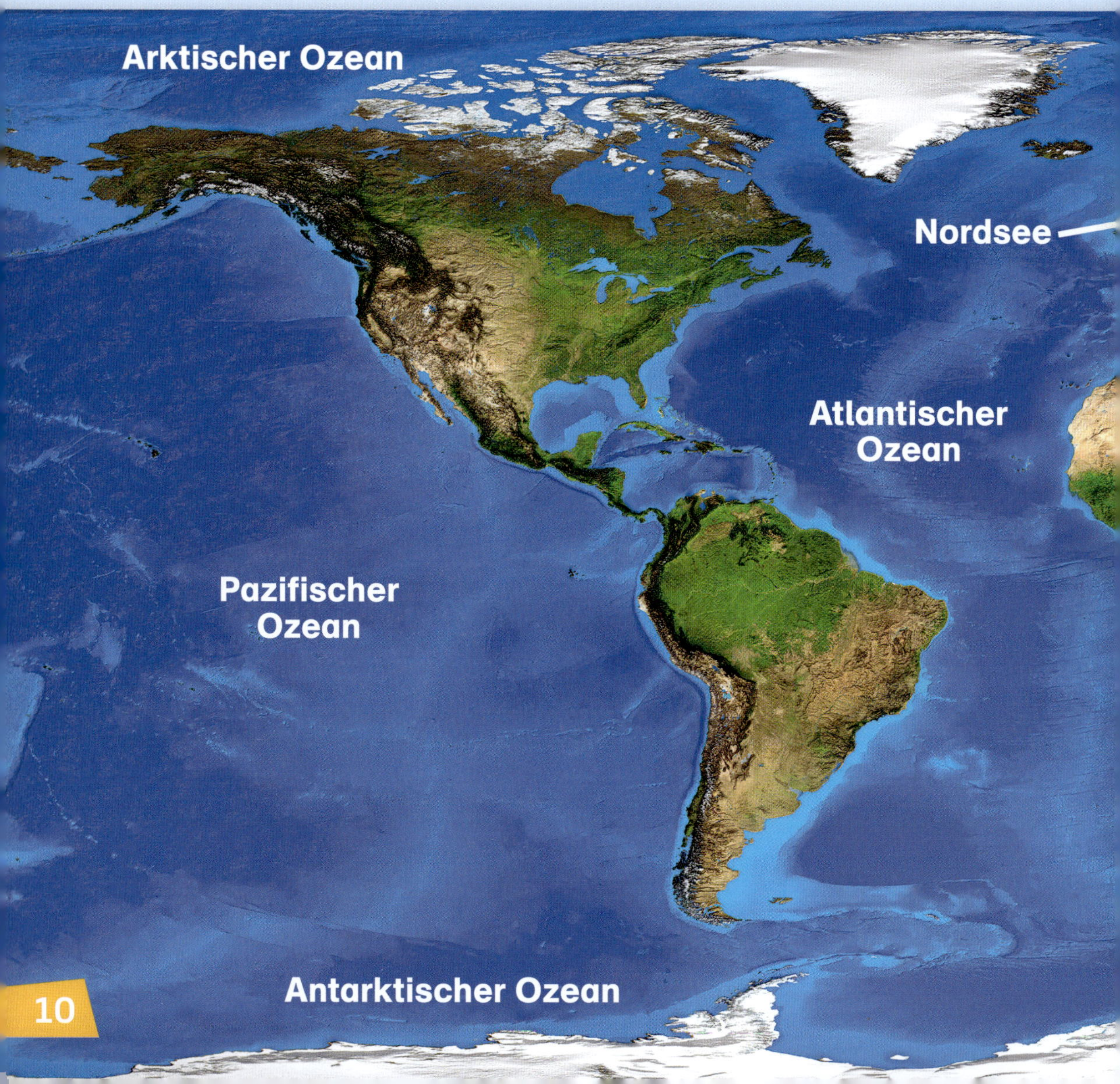

Fast das ganze Wasser ist Salzwasser.
Es sammelt sich in den Meeren
und Ozeanen unseres Planeten.
Nur drei Prozent sind Süßwasser
in Seen, Flüssen, Gletschern
und im Grundwasser.

## Der Pazifische Ozean

Der Pazifik ist der größte und tiefste Ozean.
Er liegt zwischen Asien und Amerika.
Er reicht vom Arktischen Ozean
bis hinunter zum
Antarktischen Ozean.

Die Hälfte der Wasserfläche der Erde
gehört zum Pazifischen Ozean.
Auch der tiefste Punkt der Erde,
der Marianengraben, liegt hier.
Bis zum Meeresboden müsste man
mehr als elf Kilometer tief tauchen.

Die Inseln von Hawaii liegen im Pazifischen Ozean. Sie sind durch Vulkanausbrüche entstanden.

Lavafeld auf Hawaii

## Artenreicher Lebensraum

Im Pazifischen Ozean liegen unzählige kleine Inseln. Viele sind durch Vulkanausbrüche unter Wasser entstanden.

Auch aus dem Meeresboden kann Magma – heißes, flüssiges Gestein aus dem Erdinneren – austreten.

Im Wasser erkaltet es schnell und türmt sich zu kleinen Inseln auf. Um die Inseln herum findet man Korallenriffe mit ihren kunterbunten Bewohnern.

Korallenriff

Zwischen den bunten Korallen tummeln sich viele Fische.

Die Küsten am Atlantik sind oft felsig und rau.

## Der Atlantische Ozean

Der zweitgrößte Ozean ist der Atlantik.
Er trennt Amerika von Europa und Afrika.
Wenn du schon einmal in Frankreich
oder in Portugal im Urlaub warst,
hast du vielleicht schon im Atlantik gebadet.

Im Atlantischen Ozean fließt eine
der größten und schnellsten
Meeresströmungen der Welt.
Das ist der Golfstrom.
Er ist sehr wichtig für unser Klima.
Er bringt große Mengen warmes Wasser
von Amerika an die Küsten in Nordeuropa.
Ohne den Golfstrom wäre es
bei uns viel kälter.

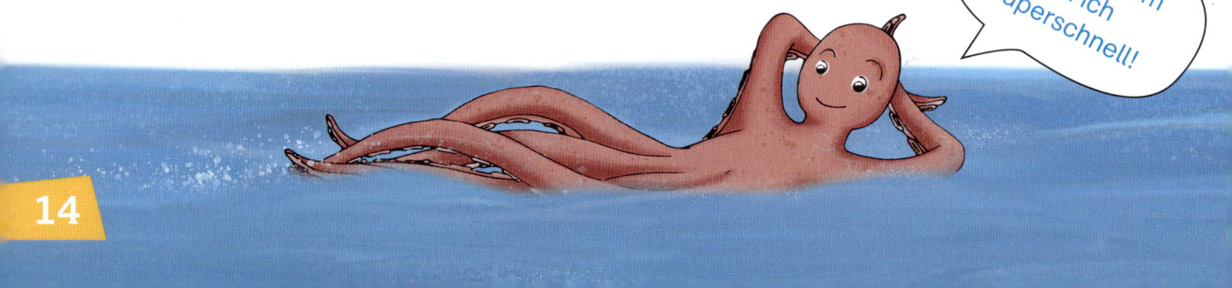

Die Titanic war 1912 eines der modernsten Schiffe der Welt. Sie galt sogar als unsinkbar.

Das Wrack der Titanic liegt immer noch auf dem Grund des Atlantiks.

## Abgewrackt!

Auf dem Grund des Atlantischen Ozeans
liegt ein sehr bekanntes Schiffswrack:
das Wrack der berühmten Titanic.
Auf ihrer allerersten Fahrt stieß sie
mit einem Eisberg zusammen und sank.
Das war im Jahr 1912.
Ihre Überreste wurden erst
1985 wiederentdeckt –
über 70 Jahre später.

## Der Indische Ozean

Der Indische Ozean ist der drittgrößte Ozean nach dem Pazifik und dem Atlantik. Er liegt zwischen den Kontinenten Afrika, Asien und Australien. Im Süden trifft er auf den Antarktischen Ozean.

## Gebirge unter Wasser

Der Meeresboden dieses Ozeans ist besonders hügelig. Dort liegen große Gebirgszüge, die ihn in einzelne Becken unterteilen. Du kannst dir das vorstellen wie bei einem Gebirge an Land: Zwischen den Bergen liegen weite Täler, nur eben unter Wasser.

Ein Taucher begegnet einem Adlerrochen im Indischen Ozean.

Aus der Luft sind die Korallenriffe rund um die Insel gut zu erkennen.

Malediven

## Viele kleine Inseln

Sri Lanka und Madagaskar
heißen die zwei größten Inseln
im Indischen Ozean.
Neben diesen beiden liegen dort noch
über 5000 weitere, kleinere Inseln.
Viele sind von Korallenriffen umgeben.
Die Inselgruppe der Malediven
besteht sogar nur aus Korallen.
Die Malediven liegen südwestlich von Indien.

**Hast du gewusst ...**

... dass Korallen Tiere sind? Sie sehen zwar eher wie Pflanzen aus. Doch Korallen gehören zu den Nesseltieren, ebenso wie Quallen. Viele Korallen zusammen bilden ein Korallenriff.

Hirnkoralle

Eisbären lieben die Kälte. Im eiskalten Nordpolarmeer jagen sie nach Fischen oder Robben.

## Der Arktische Ozean

Hoch oben im Norden,
rund um den Nordpol,
liegt der Arktische Ozean.
Er wird auch Nördliches Eismeer
oder Nordpolarmeer genannt.

Er ist der kleinste der fünf Ozeane
und zugleich am wenigsten erforscht.
Etwa ein Drittel dieses Ozeans
ist das ganze Jahr über
von einer dicken Eisschicht bedeckt.

In der Arktis treiben riesige Eisberge auf dem Meer. Der größte Teil von ihnen liegt unter Wasser.

Belugawal

Walross

## Leben in der Kälte

Trotz der eisigen Kälte fühlen sich viele Tiere in der Arktis pudelwohl. Wale, Ringelrobben und Walrosse fressen sich eine dicke Speckschicht an. So sind sie vor dem kalten Wasser des Nordpolarmeeres gut geschützt.

### Hast du gewusst ...

... dass Küstenseeschwalben echte Langstreckenflieger sind? Sie brüten in der Arktis. Aber sie überwintern in der Antarktis. So fliegen sie jedes Jahr vom Nordpol zum Südpol und wieder zurück.

## Der Antarktische Ozean

Der Antarktische Ozean liegt
rund um den Südpol
und den Kontinent Antarktika.
Man nennt diesen Ozean auch
Südpolarmeer.

Das Land der Antarktis ist
von riesigen Gletschern bedeckt.
An den Rändern des Kontinents
reicht das Eis weit ins Meer hinein.
Es entstehen riesige, dicke Eisplatten.
Sie werden Schelfeis genannt.

Schelfeis

Ein Eisbrocken
bricht vom
Gletschereis ab.
Man sagt, der
Gletscher kalbt.

Tafeleisberg

## Platte Berge

Das Schelfeis schwimmt auf dem Meer.
Es ist aber noch mit dem Gletschereis
auf dem Festland verbunden.
Manchmal brechen vom Schelfeis
gigantische Eisstücke ab.
Sie treiben dann auf dem offenen Meer.
Man nennt sie Tafeleisberge,
weil sie flach sind wie eine Tafel.

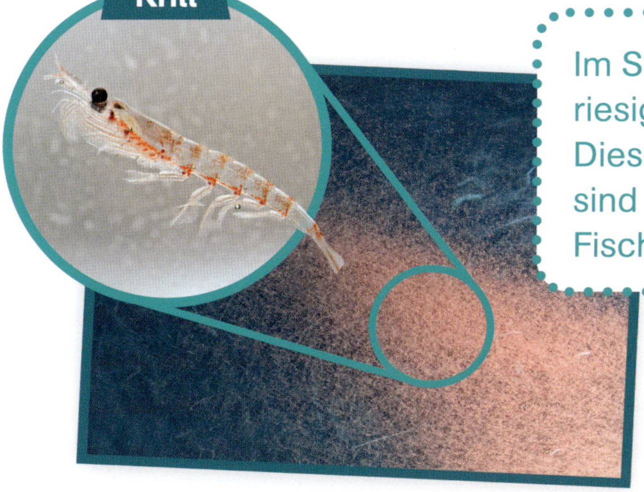

Krill

Im Südpolarmeer gibt es riesige Schwärme von Krill. Diese kleinen Krebstierchen sind Nahrung für viele Vögel, Fische und Wale.

## Wie groß sind unsere Ozeane?

Hast du schon einmal von einer Küste oder einem Boot aus aufs Meer geblickt? Egal welches Meer oder welchen Ozean wir betrachten: Sie erscheinen uns alle riesig groß und unendlich weit. Trotzdem gibt es große Unterschiede.

Der Arktische Ozean ist der kleinste der fünf Ozeane. Der Pazifische Ozean ist der größte. Fast die Hälfte der gesamten Meeresfläche gehört zum Pazifik.

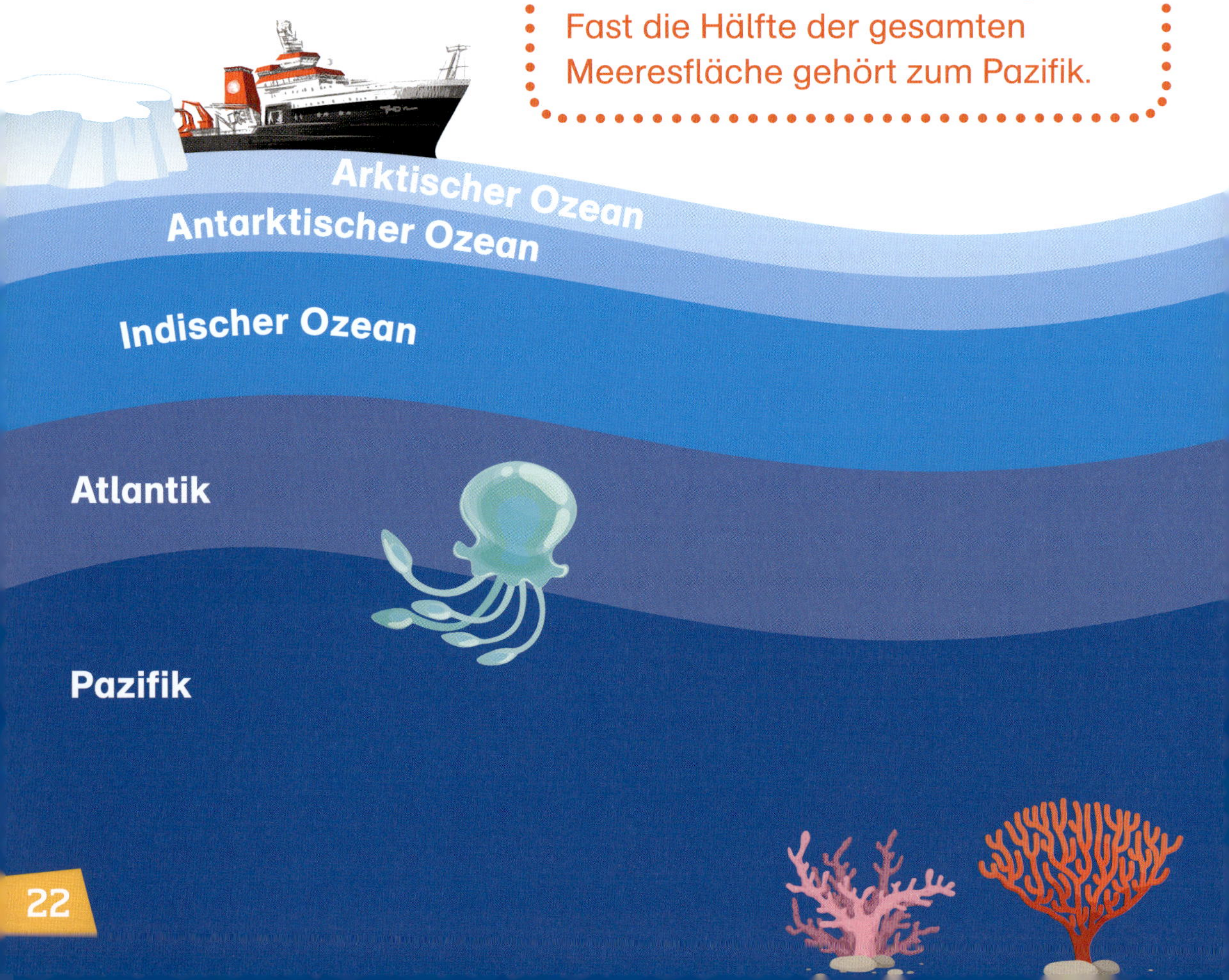

## Ottos Lesequiz

**1 Welcher ist der größte Ozean der Welt?**

a) Der Atlantische Ozean.

b) Der Pazifische Ozean.

c) Der Indische Ozean.

**2 Wo liegt das Wrack der Titanic?**

a) Im Nordpolarmeer.

b) Im Mittelmeer.

c) Im Atlantik.

**3 Gibt es auf der Erde mehr Salzwasser oder mehr Süßwasser?**

a) Mehr Salzwasser.

b) Mehr Süßwasser.

c) Es gibt von beidem gleich viel.

**Lösung:** 1b), 2c), 3a)

# Leben unter Wasser

## Stockwerke im Meer

Nah unter der Meeresoberfläche
ist es im Wasser warm und hell.
Die Sonnenstrahlen wärmen
und durchfluten es mit Licht.
Je tiefer man taucht,
desto kälter und dunkler wird es.
Schließlich dringt überhaupt
kein Licht mehr in den Ozean vor.

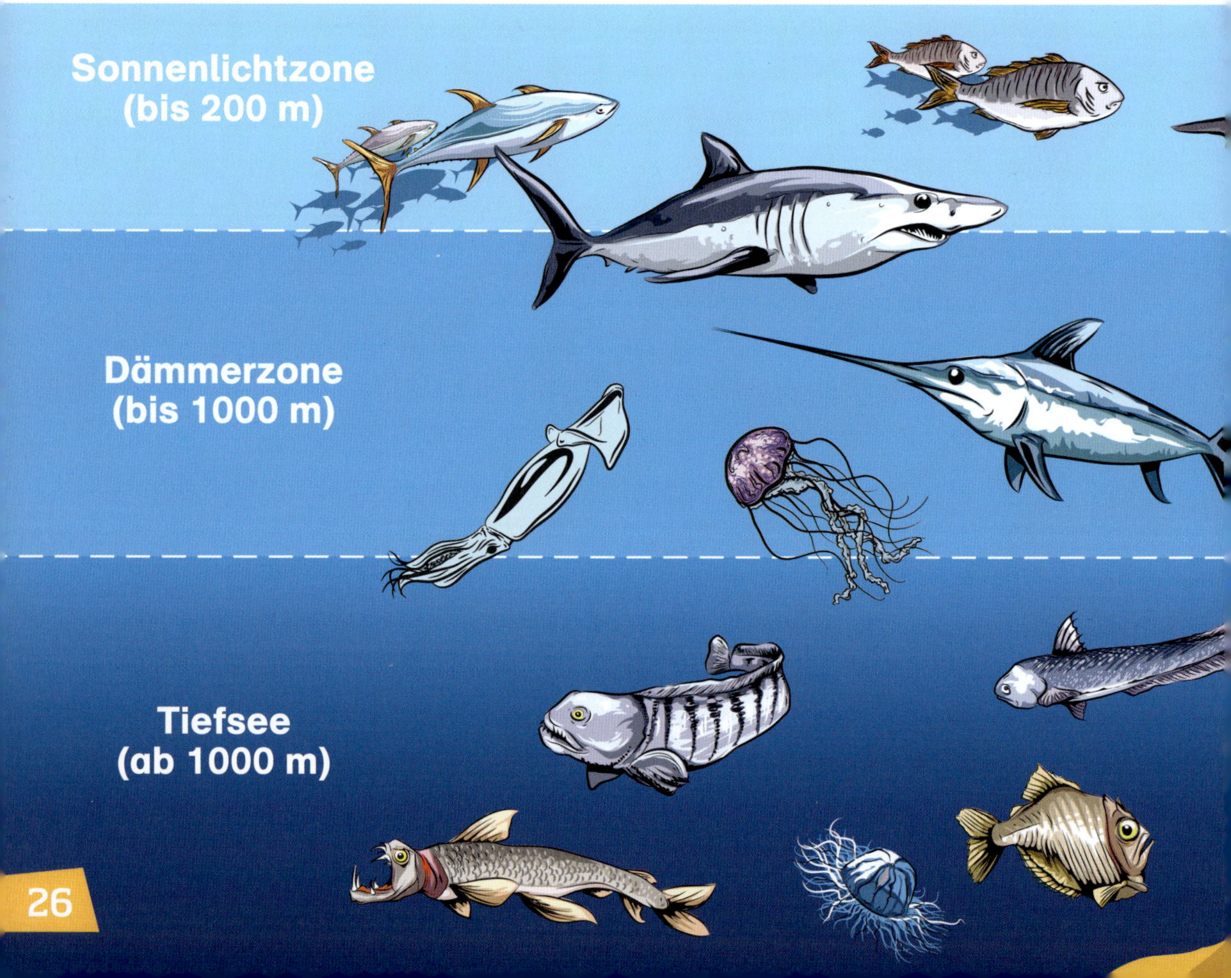

## Tiefer, kälter, dunkler

Meeresforscher teilen das Meer in drei Zonen auf: die **Sonnenlichtzone**, die **Dämmerzone** und die **Tiefsee**. In den einzelnen Schichten herrschen unterschiedliche Lebensbedingungen. Doch überall gibt es Lebewesen, die sich perfekt an ihre Umgebung angepasst haben.

Das Sonnenlicht dringt bis unter die Wasseroberfläche. Ein Schwarm Sardinen schwimmt vorbei.

Sardinen

## Sonnenlichtzone

Die Sonnenlichtzone reicht bis zu einer Tiefe von 200 Metern. Genauso weit durchdringen und wärmen die Sonnenstrahlen das Wasser.

Und genau diese Sonnenstrahlen sorgen für Leben im Wasser. Nur in dieser Zone findet man winzig kleine, grüne Wasserpflanzen. Sie bilden das pflanzliche Plankton, das anderen Kleinstlebewesen als Nahrung dient. Und diese Tiere sind wiederum Nahrung für andere, größere Meeresbewohner.

## Hier ist viel los!

In der obersten Schicht des Wassers tummeln sich viele unterschiedliche Tiere: Fische, Krebse oder auch Kopffüßer wie manche Tintenfischarten. Hier finden alle genug zu fressen.

Meeressäuger wie Delfine trifft man oft in der Sonnenlichtzone an. Sie müssen immer wieder an die Wasseroberfläche schwimmen, um zu atmen.

Der Schwertfisch wandert zwischen der Sonnenlichtzone und der Dämmerzone hin und her.

## Die Dämmerzone

In die Dämmerzone
dringt nur noch wenig Licht vor.
Pflanzen gibt es hier nicht mehr.
Für sie ist es zu dunkel.

Das Wasser in der Dämmerzone
wird höchstens 15 Grad Celsius warm.
Der Wasserdruck nimmt
mit jedem Meter Tiefe weiter zu.

Für Menschen ist der Druck zu groß.
In diese Tiefen können Taucher
nur mithilfe eines Tauch-U-Boots
vordringen.

## Wenig Licht

Einige Meerestiere haben sich im dämmrigen Licht gut eingerichtet. Sie ernähren sich von Plankton und toten Fischen oder Krebsen, die aus der Sonnenlichtzone nach unten absinken.

Manche Tiere schwimmen nachts im Schutz der Dunkelheit nach oben und fressen sich dort satt.

Nautilus

Dieses wundersame Tier heißt Perlboot Nautilus. Es gehört zu den Kopffüßern wie Tintenfische auch.

Tiere im Dämmerlicht

Qualle

Oktopus

## Tiefsee

Ab 1000 Metern gelangt kein Licht mehr in die Tiefen des Ozeans. Es ist stockfinster und bitterkalt.

Die Temperaturen liegen nur noch zwischen -1 und 4 Grad Celsius. Auch der Wasserdruck ist so hoch, dass ihn nur wenige Lebewesen aushalten können.

Die einzigen Lichtstrahlen, die zu sehen sind, kommen von den Tiefseebewohnern selbst. Manche Lebewesen leuchten von allein. Sie locken damit ihre Beute oder einen Artgenossen an.

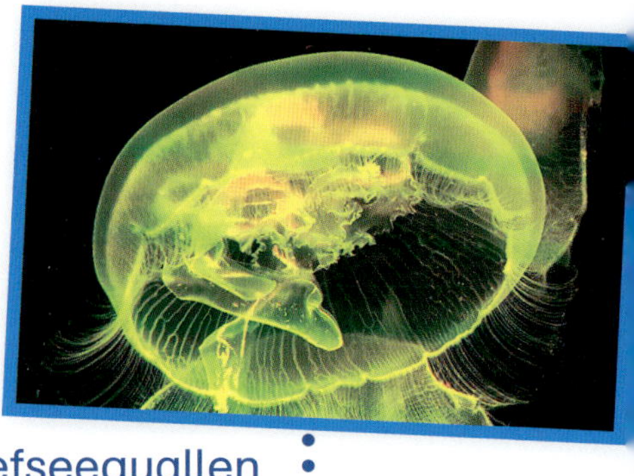

Diese Tiefseequallen leuchten von selbst. Sie bringen Licht in die finstere Tiefsee.

## Monster in der Tiefsee?

Viele Lebewesen in der Tiefsee
sehen wirklich gruselig aus.
Doch riesige Mäuler und spitze Zähne
helfen beim Überleben.
In der Tiefsee wird nämlich gefressen,
was einem vor das Maul schwimmt.

## Immer dem Licht nach

Fische wie der Anglerfisch
locken ihre Beute mit einer Art Laterne
über dem Kopf in die stockdunkle Tiefe.
Da sie dort nicht viel Nahrung finden,
fressen sie alles, was ihnen begegnet.

## Wundersame Wesen

Eigentlich ist die Tiefsee ein ungemütlicher Ort. Trotzdem leben in der Dunkelheit einige erstaunliche Wesen.

**Feuerwalzen** leben in Kolonien aus vielen kleinen, einzelnen Tierchen. Zusammen formen sie eine Art Glocke, die mehrere Meter lang werden kann. Wenn man die Feuerwalzen berührt, leuchten sie auf.

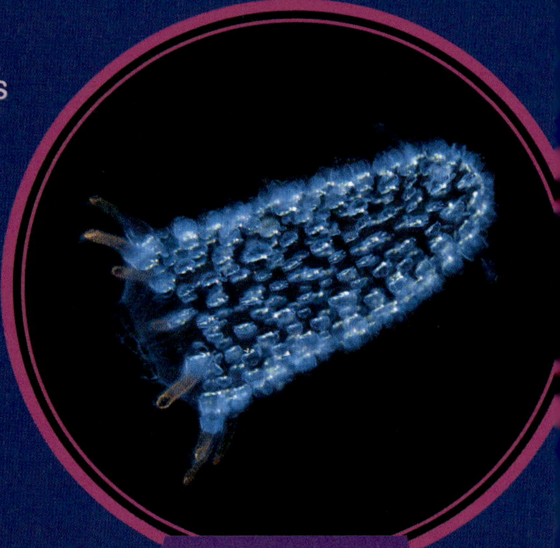

Feuerwalze

Seekröte

Die **Seekröte** wirkt wie ein Ballon, der sich selbst aufblasen kann. Ihr Körper ist über und über mit Stacheln bedeckt. Die Flossen sitzen wie kleine Füße an ihrem Bauch.

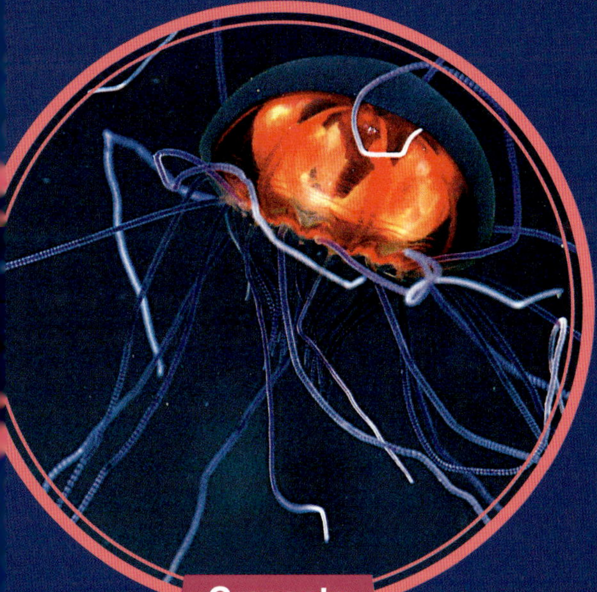

Crossota

**Crossota** ist eine Tiefseequalle.
Mit ihren über 250 Tentakeln
fängt sie ihre Beute.
Außen ist die Qualle durchsichtig.
Das Innere leuchtet rot.

Yetikrabbe

© Ifremer/Alexis Fifis

Dieses haarige Wesen heißt **Yetikrabbe**.
Seine feinen weißen Borsten
erinnern an einen Pelz.
Erst 2005 wurde die Yetikrabbe entdeckt.

Langnasen-
chimäre

Über die **Langnasenchimäre**
wissen Forscher nicht besonders viel.
Dabei gehört dieser Fisch
zu den ältesten Lebewesen der Erde.
Seine lange Nase ist für ihn sehr praktisch.
Damit durchwühlt er
den schlammigen Tiefseeboden
nach Beute.

## Die Jäger der Ozeane

Eine dreieckige Rückenflosse
pflügt durch den blauen Ozean.
Hier ist wohl gerade ein Hai unterwegs –
vielleicht auf der Jagd nach Beute.

Haie gibt es in allen Ozeanen der Welt.
Allerdings ist Hai nicht gleich Hai.
Forscher kennen bisher
über 500 verschiedene Arten.

### Hast du gewusst ...

... dass Haie Tiere aus der Urzeit sind?
Es gab sie schon vor 400 Millionen Jahren.
Damit sind sie älter als die Dinosaurier.

## Neue Zähne, bitte!

Fällt dem Hai beim Jagen ein Zahn aus,
klappt er einfach einen neuen nach.
Denn in seinem Gebiss liegen mehrere
Zahnreihen hintereinander.
Außerdem wachsen die Zähne
ein Leben lang nach. Praktisch, oder?
Man nennt so ein Gebiss auch Revolvergebiss.

## Haut mit Häkchen

Die Haihaut ist mit
besonderen Schuppen bedeckt.
Sie sind wie kleine,
harte Hautzähnchen geformt.
Dadurch ist die Haut des Haies ganz rau.
So gleitet der Hai besser durch das Wasser.
Und er kann länger schwimmen,
ohne müde zu werden.

Kraftvoll stößt der Buckelwal durch die Wasseroberfläche. Buckelwale sind Meister im Springen.

## Die Riesen der Meere

Wale und Delfine leben zwar im Meer.
Sie gehören aber zu den Säugetieren.
Statt Kiemen haben sie Lungen
und müssen zum Atmen
an die Oberfläche kommen.
Genau wie du beim Tauchen.

Brydewal

Zahnwale wie der Orca
gehen auf die Jagd.
Sie erbeuten Fische, Tintenfische
und sogar Robben und Seevögel.

Bartenwale dagegen ernähren sich von
winzig kleinen Krebstieren, dem Krill.
Tonnenweise filtern sie die Krebschen
mit ihren Barten aus dem Meer.

## Richtig tief tauchen

Pottwal

Wale sind sehr gute Taucher.
Besonders der Pottwal:
Er kann bis zu 90 Minuten
die Luft anhalten.
So taucht er über 2 000 Meter tief
bis hinunter in die dunkle Tiefsee.
Dort geht er auf die Jagd nach
seiner Lieblingsspeise: dem Riesenkalmar.

Manche Wale verbringen ihr ganzes Leben
in den eisigen Polarmeeren.
So leben Grönlandwale oder Belugawale
nur im Nordpolarmeer.
Andere Walarten wie der Buckelwal
oder der Blauwal schwimmen zwischen
warmen und kalten Gewässern hin und her.

Zeig deine Zähne!
Dieser Orca beweist,
dass er zu den
Zahnwalen gehört.

Mit seinen acht Armen bewegt sich der Oktopus elegant durch das Seegras.

## Lass dich umarmen!

Viele Arme und ein großer Kopf: Daran kannst du einen Tintenfisch sofort erkennen.

Sepia

Tintenfische gehören zu den Weichtieren oder Wirbellosen. Sie besitzen nämlich kein Skelett. Wegen ihres besonderen Körperbaus werden sie auch Kopffüßer genannt.

Kalmar

Der bekannteste Tintenfisch ist der Oktopus oder Krake. Mit seinen acht Fangarmen fängt er geschickt seine Beute. Außerdem kann er sich damit auf dem Meeresboden fortbewegen.

Außer dem Kraken gehören auch noch Kalmare und Sepien zu den Tintenfischen. Sie haben jeweils zehn Fangarme.

## Was Oktopusse alles können

Oktopusse können erstaunliche Dinge.
Mit ihren weichen Körpern quetschen
sie sich durch kleinste Ritzen.
Die Saugnäpfe an ihren Armen sind superstark.
So können sie ihre Beute sehr gut festhalten.
Außerdem sind sie blitzschnelle Schwimmer.

Von einem Moment zum anderen
können Oktopusse ihre Farbe wechseln.
So passen sie sich ihrer Umgebung an.
Und die Tarnung ist perfekt!

Gut getarnt!

Korallenriffe sind die artenreichsten Lebensräume im Meer.

## Baumeister unter Wasser

In den tropischen Meeren findet man
ganz besondere Unterwasserwelten:
die Korallenriffe.
In den schönsten Farben leuchten sie
im klaren, warmen Wasser.
Tropische Korallen brauchen Sonne,
um zu wachsen.
Deshalb liegen sie in der Sonnenlichtzone.

Die Baumeister solcher Korallenriffe
sind die Polypen der Steinkorallen.
Tausende dieser kleinen Tierchen
leben in Kolonien zusammen.
Sie bauen sich aus Kalk eine Art Panzer.
Aus vielen solcher Kalkpanzer
entsteht mit der Zeit ein Korallenriff.

**Korallen-polypen**

## Bunter Lebensraum

Korallen haben ganz verschiedene Formen.
Manche sehen aus wie kleine Hügel.
Andere bilden ein Dickicht
aus vielen einzelnen Ästen.
Sie sind genau das richtige Versteck
für Clownfische, Schildkröten, Riffhaie,
Muränen oder Rochen.

**Clownfisch**

**Spitzkopf-kugelfisch**

**Muräne**

## Korallen in Gefahr

Leider sind Korallenriffe überall in Gefahr.
Wenn die Meere wärmer werden,
wird es den Korallen zu warm.
Sie sterben dann ab.
Damit verlieren auch die Tiere im Riff
ihren Lebensraum.

## Die Größten im Ozean

Diese beiden Meeresbewohner halten den Größenrekord in unseren Meeren. Sie sind zwei ungefährliche, sanfte Riesen.

Der größte Fisch im Ozean ist der **Walhai**.
Er lebt als Einzelgänger in den warmen tropischen und subtropischen Meeren.
Walhaie werden ungefähr zehn Meter lang und wiegen bis zu zwölf Tonnen.
Dabei ist der Riese aber ganz harmlos.
Er ernährt sich von Plankton und kleinen Fischen, die er aus dem Wasser filtert.

Walhai

Der **Blauwal** ist nicht nur das größte Lebewesen im Meer.
Er ist auch das schwerste Lebewesen, das überhaupt jemals gelebt hat.
Wie alle Wale ist der Blauwal ein Säugetier.
Er kann bis zu 33 Meter lang und bis zu 200 Tonnen schwer werden.
Das ist ungefähr so schwer wie 2 500 Menschen.
Die Lieblingsspeise des Blauwals ist Krill.

Blauwal

# Ottos Lesequiz

**1 Wie nennt man die oberste Schicht des Meeres?**

a) Warmwasserzone
b) Helle Zone
c) Sonnenlichtzone

**2 Wie nennt man das Gebiss der Haie?**

a) Haigebiss
b) Revolvergebiss
c) Pistolengebiss

**3 Was sind Korallen?**

a) Tiere
b) Pflanzen
c) Steine

**Lösung:** 1c), 2b), 3a)

# Ozeane erforschen und schützen

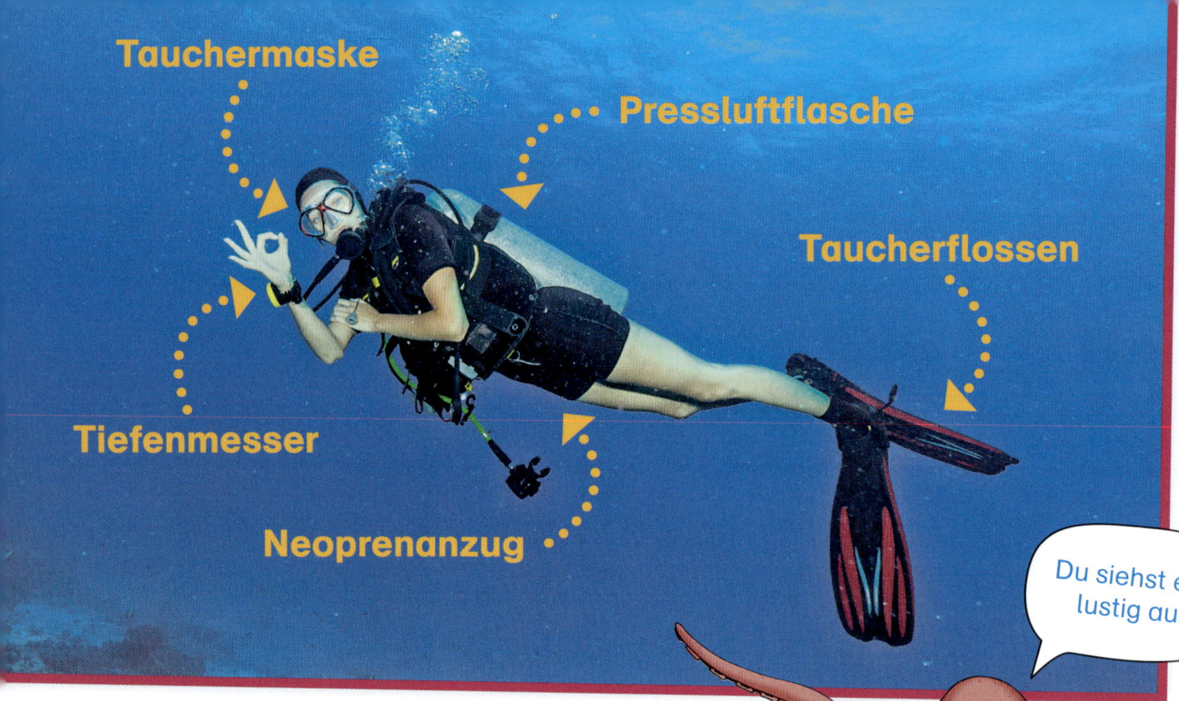

## Entdecker unter Wasser

Die Ozeane stecken für uns voller Geheimnisse. Schon immer wollten die Menschen deshalb die Weltmeere erforschen.

Die Technik macht es möglich, in die Tiefen der Ozeane vorzudringen. Am einfachsten geht das mit Tauchermaske, Pressluftflasche und Neoprenanzug. Etwa 40 Meter tief können Menschen mithilfe einer solchen Tauchausrüstung tauchen.

## Ab in die Tiefe!

Für tiefere Tauchgänge bis etwa 400 Meter gibt es sogenannte Panzertauchanzüge. Sie werden für Reparaturarbeiten unter Wasser eingesetzt, zum Beispiel an Ölleitungen oder Gasleitungen im Meer.

Panzertauchanzug

## Wer taucht wie tief?

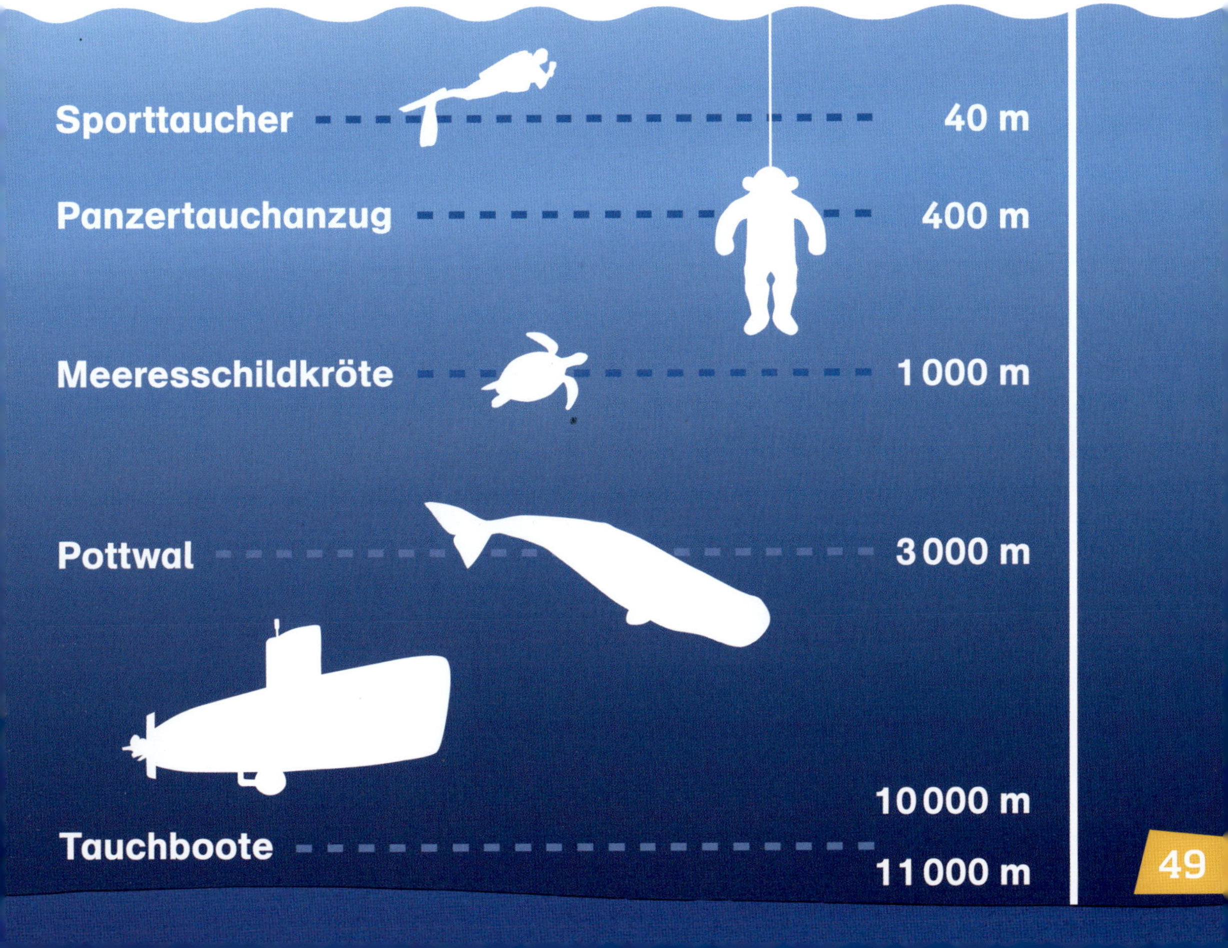

## Mit dem U-Boot in die Tiefe

Um die tieferen, kalten und dunklen Regionen der Ozeane zu erkunden, setzen Meeresforscher Tauchboote ein.

Die JAGO ist ein solches Forschungs-U-Boot. Es hat Platz für zwei Mann Besatzung. Ein Pilot und ein Wissenschaftler können damit bis etwa 400 Meter in die Tiefe vordringen. Mit hellen Lampen wird der Meeresboden beleuchtet und beobachtet. Ein Greifarm kann zum Beispiel Proben von Steinen oder Korallen entnehmen. Sie werden anschließend im Labor untersucht.

Die JAGO ist übrigens weltberühmt! Auf ihren Tauchfahrten konnten Wissenschaftler nämlich einen besonderen Fisch erforschen und fotografieren: den Quastenflosser. Er galt seit 65 Millionen Jahren als ausgestorben.

Quastenflosser

JAGO

AUV ABYSS

Unbemannte Tauchboote und Roboter erforschen die Ozeane.

ROV Kiel 6000

## Tief, tiefer, am tiefsten

Bemannte Tauchboote haben sogar schon den Marianengraben erreicht.
1960 tauchten zwei Forscher im U-Boot Trieste fast elf Kilometer tief.
Sie waren die ersten Menschen, die bis an den tiefsten Punkt der Erde vordrangen.

U-Boot Trieste

## Tauchende Roboter

Heute ist die Technik sogar noch weiter.
Wissenschaftler senden immer häufiger unbemannte Tauchroboter in die Tiefe.
Sie können viel länger unter Wasser bleiben und ihr Einsatz ist nicht so gefährlich.

Seltsame Quellen:
Mit Tauchbooten und Robotern wurden die Schwarzen Raucher erforscht.

## Es qualmt!

Menschen erkunden seit vielen Jahren
die Ozeane und den Meeresboden.
Dabei sind ihnen schon einige
erstaunliche Entdeckungen gelungen,
wie zum Beispiel diese:

Vor etwa 40 Jahren fanden Forscher
seltsame Röhren am Meeresboden,
aus denen schwarzes Wasser blubberte.
Sie sahen aus wie qualmende Schornsteine.
Man nennt sie deshalb Schwarze Raucher.

Die Schwarzen Raucher sind Quellen,
aus denen heißes Wasser brodelt.
Mineralstoffe aus der Erdkruste färben
das Wasser schwarz.

## Leben in heißen Quellen

Trotzdem leben viele verschiedene Tiere rund um die Schwarzen Raucher.
Winzig kleine Bakterien ernähren sich vom Schwefel im Wasser.
Andere Tiere, wie Würmer oder Krebse, brauchen wiederum die Bakterien zum Überleben.

Für viele Wissenschaftler sind die Schwarzen Raucher sehr interessant.
Sogar Weltraumforscher hoffen auf neue Erkenntnisse.
Denn wenn es Leben tief im Meer gibt, kommt es vielleicht auch auf fernen Planeten vor.

Rund um die Schwarzen Raucher leben Röhrenwürmer, Muscheln und Garnelen.

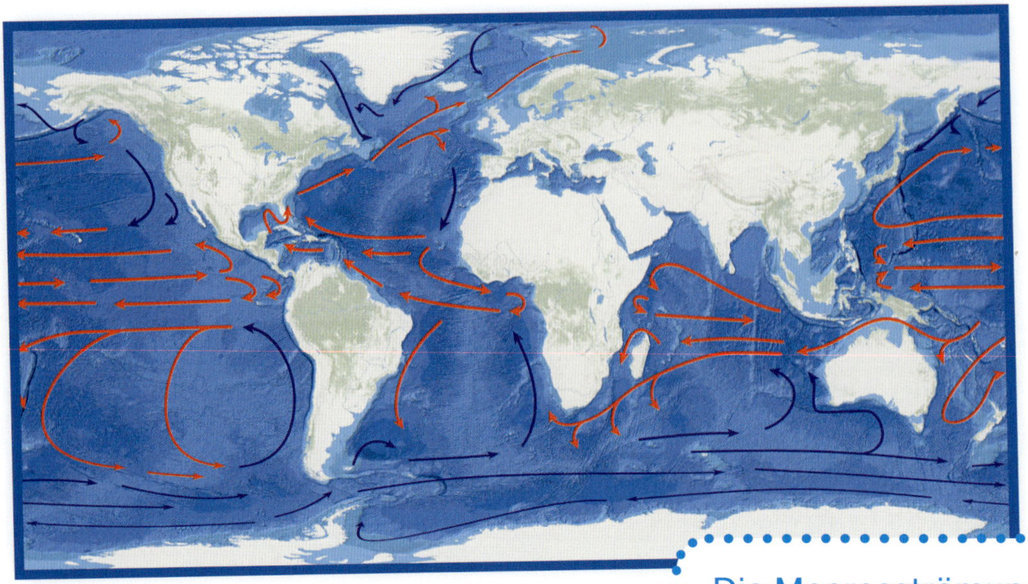

warme Meeresströmung

kalte Meeresströmung

Die Meeresströmungen bewegen warmes und kaltes Wasser durch die Ozeane. Das ist wichtig für unser Klima.

## Warum sind Ozeane wichtig?

Ozeane sind wichtig für uns Menschen und für alles Leben auf der Erde. Denn sie sorgen dafür, dass das Klima im Gleichgewicht bleibt.

Dabei helfen die Meeresströmungen. Sie bewegen kaltes und warmes Wasser quer durch die Ozeane. So erwärmen oder kühlen sie die Meere und das Land.

Nicht nur an Land, auch im Meer: Grüne Pflanzen können Sauerstoff herstellen.

Algen

## Sauerstoff aus dem Meer

Wusstest du, dass im Meer
große Mengen Sauerstoff entstehen?
Das liegt natürlich nicht allein am Wasser.

Im Meer leben Wasserpflanzen,
Algen und Bakterien.
Sie können mithilfe von Kohlendioxid
und Sonnenlicht Sauerstoff herstellen.
Das nennt man Fotosynthese.

Alge unter dem Mikroskop

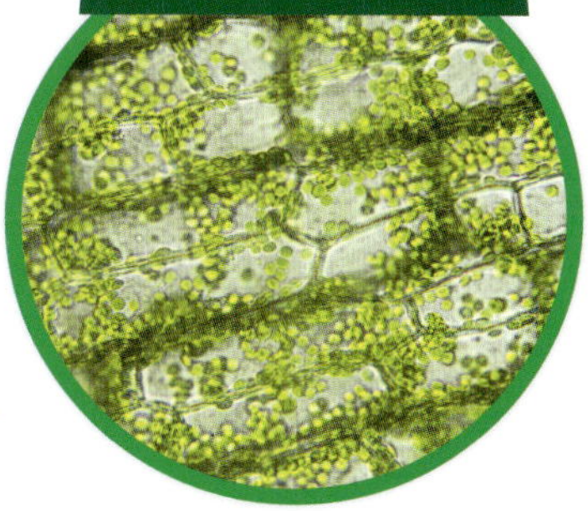

So schlucken die Ozeane
große Mengen Kohlendioxid.
Gut für uns, denn Kohlendioxid ist
besonders schädlich für unser Klima.

**Hast du gewusst ...**

... dass ungefähr drei Viertel des Sauerstoffs auf der Erde im Meer produziert werden?

Schiffe wie dieser Öltanker verschmutzen die Ozeane und stören die Meerestiere.

## Ozeane in Gefahr

Die Ozeane sind Lebensraum
für unglaublich viele Tiere und Pflanzen.
Doch zu viel Verkehr durch Schiffe
wie Tanker oder Kreuzfahrtschiffe
stört die Unterwasserwelt.

Manche Schiffe lassen sogar Müll
oder giftige Stoffe ins Wasser ab.
Außerdem schwimmt im Meer zu viel Plastik.
Es verschmutzt das Wasser
und Meerestiere können daran sterben.

## Zu warm!

Auch das wärmer werdende Klima
ist nicht gut für die Ozeane.
Das Eis der Pole schmilzt und
das Wasser wird wärmer.
Es hat dann nicht mehr so viel Sauerstoff.
Das ist schlecht für die Tiere und Pflanzen
im Meer.

## Hilf mit!

Vor allem das Gas Kohlendioxid
ist schädlich für unser Klima.
Je mehr Energie wir sparen,
desto weniger Kohlendioxid entsteht.
Je weniger Plastik wir verwenden,
desto weniger gelangt in unsere Meere.
Sicher kannst auch du dabei helfen!

Der Schutz unserer Ozeane ist wichtig für uns alle.

# Sag mal, Otto ...

**... das klingt ja nach einer spannenden Welt unter Wasser!**

Das stimmt. Und stell dir vor, viele Tiere und Pflanzen sind noch gar nicht entdeckt! Die Ozeane sind im Durchschnitt ungefähr 4 000 Meter tief. Manche Stellen sind natürlich noch viel tiefer. Und die Forscher waren ja noch gar nicht überall.

**Hast du einen Lieblingsplatz im Meer?**

Oh ja! Ich finde die tropischen Korallenriffe besonders schön. Es gibt dort so viele kunterbunte Fische. Da könnte ich stundenlang zuschauen. Das Wasser ist mir dort allerdings etwas zu warm.

**Warum ist es schlecht, wenn die Ozeane wärmer werden?**

Das Gleichgewicht in der Natur wird gestört.
Wenn sich die Erde erwärmt, dann wird auch das Wasser im Meer immer wärmer.
In den Polarmeeren gibt es dann weniger Krill.
Diese winzigen Krebstierchen brauchen kaltes Wasser zum Leben.
Sie sind Nahrung für Fische, Wale, Robben und viele andere Tiere.
Gibt es weniger Krill, finden auch sie weniger zu fressen. Es ändern sich nur Kleinigkeiten.
Doch die haben große Auswirkungen.
Helft also alle mit, unsere Meere zu schützen!

**Das machen wir! Und was hast du jetzt vor?**

Ich habe einen Riesenhunger! Ich schau mal, ob ich irgendwo eine leckere Garnele oder Muschel finde!

**Na dann guten Appetit, Otto!**
**Und vielen Dank!**

# Ottos großes Lesequiz

## 1 Welches ist der kleinste Ozean der Welt?

a) Der Atlantische Ozean.

b) Der Pazifische Ozean.

c) Der Arktische Ozean.

## 2 Warum wird die Erde auch Blauer Planet genannt?

a) Weil der Himmel blau aussieht.

b) Weil die Erdkruste blau ist.

c) Weil die Oberfläche zu etwa 70 Prozent aus Wasser besteht.

## 3 Welches Meer liegt zwischen Europa und Afrika?

a) Das Mittelmeer.

b) Die Nordsee.

c) Die Ostsee.

**Lösung:** 1 c), 2c), 3a)

## 4 Wie sind die Hawaii-Inseln entstanden?

a) Aus Vulkangestein.

b) Aus Sanddünen.

c) Aus Regenwald.

## 5 Wo liegt die tiefste Stelle im Meer?

a) Im Mariannengraben.

b) Im Marianengraben.

c) Im Mariengraben.

## 6 Wie wird der Antarktische Ozean noch genannt?

a) Kaltes Meer.

b) Eiskaltes Meer.

c) Südpolarmeer.

**Lösung:** 4a), 5b), 6c)

## 7 Wie heißt der Bereich zwischen Sonnenlichtzone und Tiefsee?

a) Dunkelheitszone

b) Dämmerzone

c) Finsterzone

## 8 Wie lockt der Anglerfisch seine Beute an?

a) Mit einem fetten Köder.

b) Mit Licht.

c) Mit seinem Gesang.

## 9 Welches ist der größte Fisch der Welt?

a) Der Walhai.

b) Der Riesenkalmar.

c) Der Blauwal.

**Lösung:** 7b), 8b), 9a)

## 10 Wie viele Arme hat ein Oktopus?

a) Sieben Arme.

b) Acht Arme.

c) Neun Arme.

## 11 Welcher Fisch galt seit 65 Millionen Jahren als ausgestorben?

a) Der Quastenflosser.

b) Der Quantenflosser.

c) Der Quasselflosser.

## 12 Wie hieß das U-Boot, mit dem Forscher 1960 in den Marianengraben hinabtauchten?

a) Roma

b) Palermo

c) Trieste

**Lösung:** 10b), 11a), 12c)

WAS IST WAS Erstes LESEN

Karin Bischoff

# Wetter

TESSLOFF

## Hallo!

Ich bin Fred, der Frosch.
Am liebsten sitze ich in meinem kleinen Teich und fange Insekten.
Von hier aus habe ich einen super Ausblick auf unser Wetter.
Weißt du eigentlich, wie das Wetter entsteht?
Warum blitzt und donnert es bei einem Gewitter? Und was ist der Unterschied zwischen einem Tornado und einem Hurrikan?
Das alles und viel mehr erfährst du hier!

# Inhalt

# So ein Wetter!

## Heiter bis wolkig

Wie wird das Wetter heute?
Wenn es sonnig und heiß ist,
gehst du vielleicht ins Freibad.
Regnet es, ziehst du deine Regenjacke an
oder nimmst den Regenschirm mit.

Es gibt aber auch gefährliches Wetter,
wie zum Beispiel ein Gewitter oder einen Orkan.
Dann ist es wichtig, in Sicherheit zu sein.

Das Wetter beeinflusst unser Leben jeden Tag.
Vor allem Menschen, die draußen arbeiten,
wie Landwirte, Gärtner oder Bauarbeiter,
sind vom Wetter abhängig.

Wenn das Getreide trocken ist, können die Bauern die Ernte einfahren.

# Wetter, was ist das?

Das Wetter hat viele verschiedene Gesichter: Sonne, Regen, Wind und Sturm, Gewitter, Schnee und Eis, Hagelschauer und vieles mehr.

Wenn Wissenschaftler vom Wetter sprechen, dann meinen sie das Wettergeschehen in einem ganz bestimmten Gebiet während eines kurzen Zeitraums.

Mithilfe bestimmter Wetterelemente kann das Wetter gemessen und beschrieben werden.
Zu den Wetterelementen zählen zum Beispiel Luftdruck, Luftfeuchtigkeit, Wind, Temperatur und Niederschläge wie Regen oder Schnee.

Regen

Sturm

Gewitter

## Eine Hülle aus Luft

Stell dir vor, du saust
mit einer Rakete durch das Weltall.
Dann schaust du aus großer Höhe
auf unseren Planeten, die Erde, herab.

Direkt über der Erde erkennst du
einen schmalen, blauen Streifen.
Das ist die Atmosphäre.
Diese dünne Schicht aus Luft
umgibt die Erde wie eine Schutzhülle.

Wenn die Erde eine riesige Melone wäre,
dann wäre die Atmosphäre dünner
als die Schale dieser Melone.

Dieses Satellitenbild
aus dem Weltall
zeigt unsere Erde.
Die blaue Hülle
ist die Atmosphäre.

## Schutz für den Blauen Planeten

Die Atmosphäre hält
schädliche Strahlen
aus dem Weltall
von der Erde fern.
Außerdem sorgt sie dafür,
dass es auf unserem
Planeten nicht zu heiß
und nicht zu kalt wird.

Ohne Atmosphäre
könnten wir auf der Erde
nicht leben.
Wir würden nämlich
von den starken Strahlen
der Sonne verbrannt werden.
Und wir hätten keinen
Sauerstoff zum Atmen.

Die Atmosphäre besteht
aus verschiedenen Schichten.
Die unterste Schicht
heißt Troposphäre.
Hier entsteht unser Wetter.

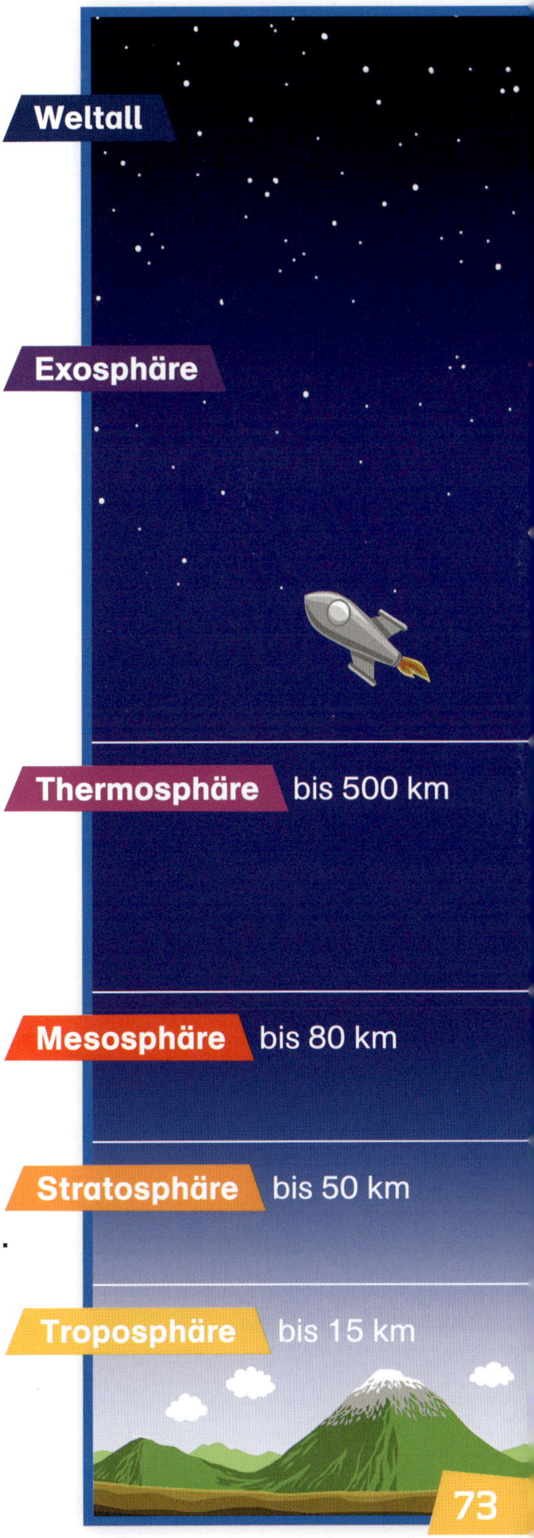

# Überall verschieden

Das Wetter auf der Erde
ist nicht immer und überall gleich.
Das liegt daran, dass die Erde
ständig in Bewegung ist.
Einmal am Tag dreht sie sich um sich selbst.
Dabei entstehen Tag und Nacht.

Außerdem wandert die Erde
aber auch noch um die Sonne.
Für eine Runde braucht sie ein Jahr.
Die Erdachse steht nicht genau senkrecht,
sondern ein wenig gekippt zur Sonne.
So bekommt entweder die Nordhalbkugel
oder die Südhalbkugel mehr Sonne ab.

**Die Entstehung der Jahreszeiten**

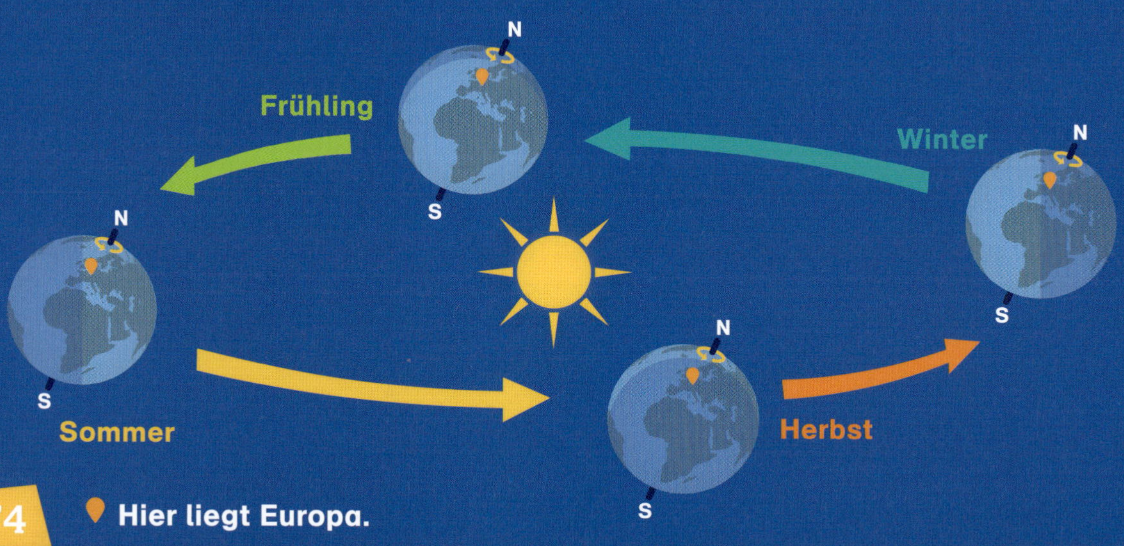


**Hier liegt Europa.**

## Die vier Jahreszeiten

Auf diese Weise entstehen bei uns in Europa
Frühling, Sommer, Herbst und Winter.

Wir leben auf der Nordhalbkugel.
In den Sommermonaten ist sie der Sonne zugewandt.
Die Sonne scheint jetzt steil vom Himmel
und schickt uns viel Wärme.

Im Winter ist die Erde so geneigt,
dass die Sonnenstrahlen stärker
auf die Südhalbkugel scheinen.
Bei uns hingegen fallen sie nur schräg ein
und können uns kaum wärmen.

### Hast du gewusst ...

... dass es am Äquator gar keine Jahreszeiten gibt?
Die Sonne scheint hier das ganze Jahr über fast
senkrecht auf die Erde. Deshalb wird es dort so heiß.

## Wer macht das Wetter?

Warum ist unser Wetter jeden Tag anders?
Und wie entsteht eigentlich das Wetter?
Drei Dinge sind dabei besonders wichtig:
die Sonne, die Luft und das Wasser.

## Luft ist nicht nichts!

Luft besteht aus mehreren Gasen.
Die wichtigsten sind Stickstoff,
Sauerstoff und Kohlendioxid.
Du kannst die Luft zwar nicht sehen.
Aber du kannst sie spüren, zum Beispiel
wenn sie besonders warm oder kalt ist.
Oder wenn sie in Bewegung ist: als Wind.

# Kein Wetter ohne Sonne!

Alles beginnt mit der Sonne.
Sie treibt das Wetter an
wie ein Motor.

Und das geht so:
Die Erde wird von der Sonne erwärmt.
Dadurch wird auch die Luft darüber warm.
Die warme Luft wird leichter und steigt auf.
Sofort strömt unten kühle Luft nach.

Die aufgestiegene Luft kühlt sich ab
und sinkt wieder hinab.
Dadurch kommt die Luft
in der Atmosphäre in Bewegung.
Es entsteht Wind.

Ein kräftiger Wind
bläht die Segel auf
und treibt die Boote an.

## Wind – bewegte Luft

Luft gerät also immer dann in Bewegung, wenn sie unterschiedlich warm oder kalt ist. Besonders gut kannst du das am Meer beobachten.

Die Luft über dem Land wird schneller warm als die Luft über dem Wasser. Die warme Luft am Land wird leichter. Sie steigt auf und dehnt sich aus. Sofort strömt unten kühle Luft vom Meer nach. Der Wind weht!

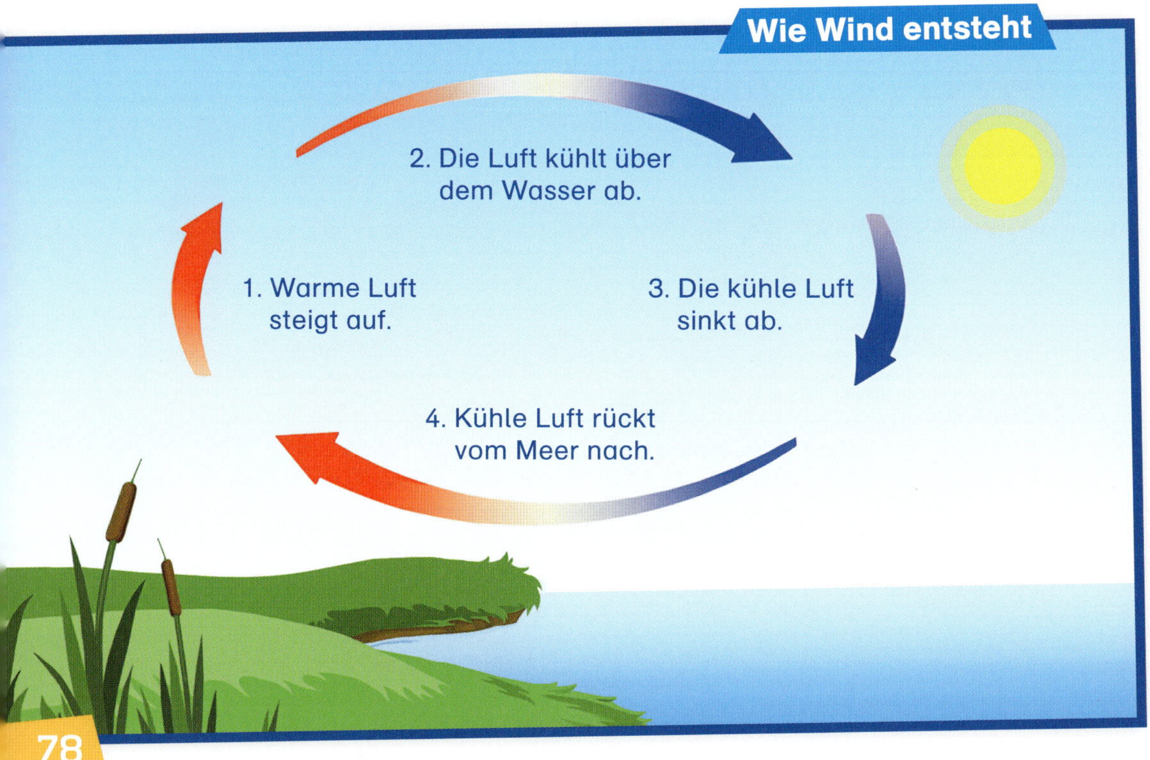

# Hochs und Tiefs

Bestimmt hast du im Wetterbericht schon einmal von einem Hoch oder einem Tief gehört. Diese Begriffe haben etwas mit dem Luftdruck zu tun. Auch wenn man es nicht spürt: Luft hat tatsächlich ein Gewicht. Sie drückt auf den Boden. Das ist der Luftdruck.

Wenn warme Luft nach oben steigt, ist am Boden weniger Luft vorhanden. Dort ist also auch der Luftdruck niedriger. Ein Tiefdruckgebiet ist entstanden. Es kündigt schlechtes Wetter an.

Wenn kalte Luft wieder sinkt, steigt der Luftdruck am Boden an. Es entsteht ein Hochdruckgebiet. Das Wetter wird schön.

## Der Wasserkreislauf

Die Sonne erwärmt aber nicht nur die Luft, sondern auch das Wasser. Dabei verdunstet das Wasser und steigt als Wasserdampf nach oben. Dort kühlt sich der Wasserdampf wieder ab und wird zu winzigen Wassertropfen. Am Himmel bilden sich daraus Wolken. Wenn die Wolken zu schwer werden, fällt das Wasser als Regen wieder zur Erde.

Das Regenwasser fließt ins Meer, sammelt sich in Seen oder versickert im Grundwasser. Nun beginnt der Kreislauf von vorn.

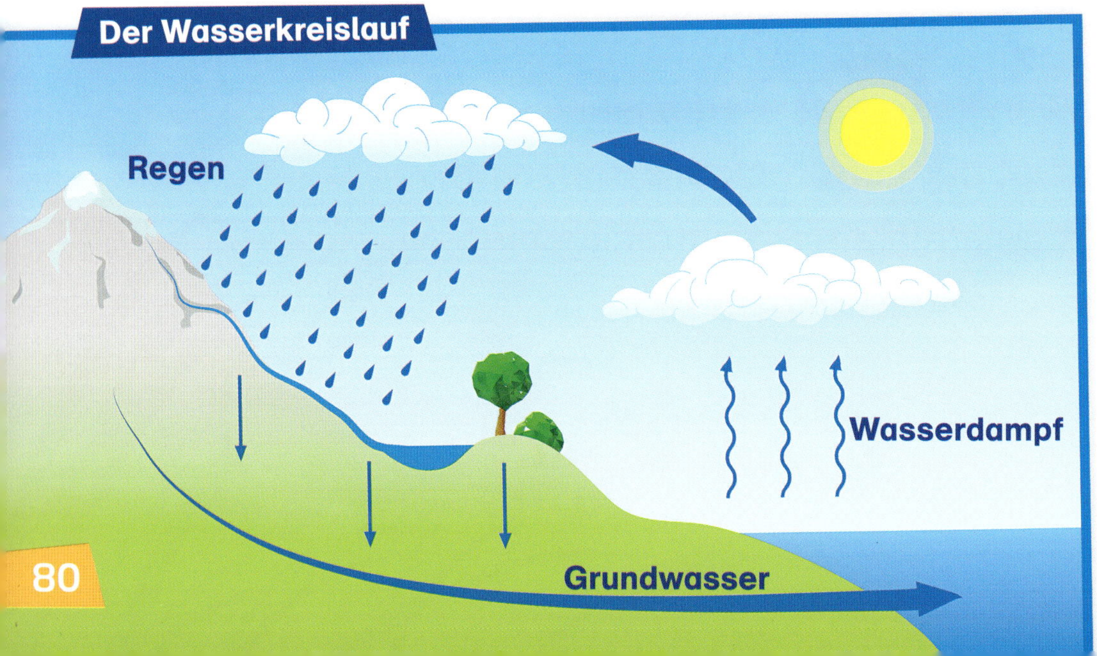

# Freds Lesequiz

**1 Wie lange braucht die Erde für eine Runde um die Sonne?**

a) Einen Tag.

b) Einen Monat.

c) Ein Jahr.

**2 Was treibt unser Wetter an?**

a) Die Sonne.

b) Die Luft.

c) Das Wasser.

**3 Warum ist die Atmosphäre so wichtig?**

a) Sie lässt keine Sonne hindurch.

b) Sie filtert schädliche Strahlen.

c) Sie sorgt für gute Luft.

**Lösung:** 1c), 2a), 3b)

# Wolken, Wind und Regenschauer

Bei sonnigem Wetter ziehen oft Haufenwolken über den Himmel.

## Wie Watte am Himmel

Mal weiß und bauschig,
mal grau und bedrohlich:
Wolken gibt es in vielen
Formen und Größen.
Nur selten ist der Himmel wolkenlos.

Wolken sind zuverlässige Wetterboten.
Je nachdem, welche Arten von Wolken
am Himmel erscheinen,
kann man sehen, ob das Wetter schön wird,
ob es regnet oder ob ein Gewitter aufzieht.

# Woher kommen Wolken?

Warme, feuchte Luft enthält Wasserdampf.
Je wärmer die Luft ist,
desto mehr Wasserdampf trägt sie in sich.
Du weißt ja schon, dass warme Luft aufsteigt
und sich in der Höhe wieder abkühlt.
Dabei kühlt auch der Wasserdampf ab
und verwandelt sich in flüssige Wassertropfen.
Das nennt man kondensieren.

Die vielen einzelnen Wassertröpfchen
klammern sich an winzigen Staubteilchen
in der Luft fest.
Daraus bilden sich die Wolken.
Je höher die Wolke am Himmel schwebt,
desto kälter ist es dort.
Dann werden aus den Wassertropfen
in den Wolken Eiskristalle.

## Hast du gewusst ...

... dass Kondensieren das Gegenteil von Verdunsten ist? Wasserdampf wird wieder flüssig. Beim Verdunsten wird flüssiges Wasser gasförmig.

Diese mächtige Wolke reicht über alle drei Wolkenstockwerke. Sie bringt heftige Niederschläge oder sogar Gewitter mit sich.

## Wolke ist nicht gleich Wolke

Wolken kommen in unterschiedlichen Wolkenstockwerken vor.
Mal erscheinen sie hoch oben am Himmel.
Andere kommen eher in mittlerer Höhe vor.
Wieder andere hängen tief über dem Boden.
Außerdem gibt es Wolken, die sich über alle drei Wolkenstockwerke ausdehnen.
Dazu zählen zum Beispiel die Gewitterwolken.

**Wolkenstockwerke**

| | |
|---|---|
| **Hohe Wolken** | 7 bis 13 Kilometer Höhe |
| **Mittlere Wolken** | 2 bis 7 Kilometer Höhe |
| **Tiefe Wolken** | bis 2 Kilometer Höhe |

## Wolkenformen

Außer nach ihrer Höhe können Wolken
auch nach ihrer Form unterteilt werden.

**Stratus-Wolken** sind Schichtwolken.
Sie liegen wie ein Wolkenteppich
weit unten in Bodennähe.
**Kumulus-Wolken** sehen aus
wie lockere Ballen oder Wattebäusche.
Sie werden auch Haufenwolken genannt.
**Zirrus-Wolken** sind dünn und federartig.
Deshalb heißen sie auch Federwolken.
Sie entstehen in eisiger Höhe.
Dort oben gefrieren die Wassertropfen
zu Eiskristallen.

Kumulus-Wolken

Zirrus-Wolken

Stratus-Wolken

## Alles kommt von oben!

Wenn Wasser aus den Wolken auf die Erde trifft, nennt man das Niederschlag.
Dabei kann das Wasser flüssig oder fest sein.
Regen, Schnee oder Hagel – das alles sind Niederschläge.

Du weißt ja schon, dass Wolken aus vielen kleinen Tröpfchen bestehen.
Wenn sich nun immer mehr Feuchtigkeit in der Wolke ansammelt, will sie diese Last wieder loswerden.
Wassertropfen lösen sich aus der Wolke: Es regnet.

Hoch oben in den Wolken werden Wassertropfen auf unter null Grad abgekühlt.
Sie verwandeln sich in Eiskristalle.
Auf dem Weg zur Erde verbinden sich mehrere Kristalle zu Flocken: Es schneit.

Hagel entsteht manchmal in Gewitterwolken.
Dort gibt es nämlich heftige Winde.
Diese Winde schleudern Wassertropfen
in der Wolke hin und her, auf und ab.
In großer Höhe gefrieren die Tropfen zu Eis.
Auch die Eiskörner werden nun wieder
hoch- und runtergerissen.
Dabei nehmen sie immer neues Eis auf.
Schließlich sind sie so schwer,
dass sie als Hagelkörner auf die Erde fallen.

Tau bildet sich, wenn warme Luft
nachts über dem Boden abkühlt.
Die Luft kann den Wasserdampf
nicht mehr speichern.
An Blumen oder Spinnennetzen
glitzern dann Wassertröpfchen.
Wenn sich die Luft
bis unter null Grad abkühlt,
bildet sich eine feine Eisschicht,
der Raureif.

## Hast du gewusst ...

... dass Nebel eigentlich nur eine Wolke ist, die bis zur Erde reicht? Im Nebel kannst du sogar die Feuchtigkeit der kleinen Wassertröpfchen auf deiner Haut fühlen.

Dunkle Wolken türmen sich am Himmel auf. Sie kündigen ein Gewitter an.

## Blitz und Donner

Den ganzen Tag über war es
warm und drückend schwül.
Am Himmel türmen sich dunkle Wolken auf.
In der Ferne hörst du ein Donnergrollen.
Ein Gewitter zieht auf!

## Was ist ein Gewitter?

Die meisten Gewitter erleben wir im Sommer.
Wenn es richtig heiß draußen ist,
steigt die sehr warme und feuchte Luft
schneller und höher auf als sonst.
Kalte Luft schiebt sich darunter.
Nach und nach bilden sich
riesige Gewitterwolken am Himmel.

## Wilde Wolken

In diesen Gewitterwolken geht es wild zu. Starke Winde wirbeln Regentropfen, Eiskristalle und Hagelkörner durcheinander.

Dadurch entsteht in der Wolke elektrische Ladung. Wenn die Spannung zu groß wird, entlädt sie sich: Am Himmel erscheint ein Blitz. Rasend schnell erhitzt er die Luft um sich herum. Die dehnt sich dadurch schlagartig aus – und es donnert.

### Hast du gewusst ...

... wie du dich vor einem Gewitter schützen kannst?

- Geh am besten ins Haus oder steige ins Auto.
- Draußen machst du dich so klein wie möglich.
- Stell dich nie unter einzeln stehende Bäume!
- Halte dich fern von Wasser und Metall!
- Spanne keinen Regenschirm auf!

Im Sturm ist dieser Baum umgeknickt wie ein Streichholz.

## Ganz schön stürmisch

Seit Stunden regnet es in Strömen.
Um die Häuser heult der Wind.
Blätter und Zweige wirbeln durch die Luft.
Ein Baum hält dem Sturm nicht mehr stand
und fällt krachend auf den Weg.
Ein Orkan zieht über das Land hinweg.

### Hast du gewusst ...

... dass Orkane bei uns in Europa vor allem im Herbst und im Winter auftreten?
Ein starker Sturm heißt Orkan, wenn er mit mehr als 117 Kilometern pro Stunde durch die Luft wirbelt.

## Wolkenwirbel über dem Meer

Besonders gefährliche Stürme sind Hurrikane.
Sie bilden sich von Juni bis Oktober
über den tropischen Weltmeeren.
Dann verdunsten dort nämlich
große Mengen Wasser.

Schnell türmen sich hohe Wolken auf.
Unter den Wolken entsteht ein Sog.
Er saugt immer mehr Luft an.
Dabei bildet sich ein gewaltiger Wirbel.
Er dreht sich schneller und immer schneller.

Wenn ein Hurrikan das Festland erreicht,
schwächt er sich zwar etwas ab.
Trotzdem hat er noch sehr viel Kraft
und kann große Gebiete verwüsten.

Auf dem Satellitenbild erkennst du einen weißen Wolkenwirbel über dem Meer.
Ein Hurrikan braut sich zusammen.

## Wirbelsturm mit Rüssel

Ein Tornado sieht aus
wie ein schmaler, langer Trichter.
Er entsteht, wenn feuchte, warme Luft
unter einer Gewitterwolke aufsteigt.
In der Wolke wirbelt nun kalte und warme Luft
kräftig durcheinander.
Dabei gerät sie wie eine Spirale in Bewegung.

Aus der Gewitterwolke kommt jetzt
der sogenannte Rüssel hervor.
Wenn der Tornadorüssel den Boden berührt,
reißt er alles mit, was ihm im Weg steht.
Er kann Bäume entwurzeln, Häuser zerstören
und Autos durch die Luft schleudern.

Im Gegensatz zum Hurrikan
bildet sich ein Tornado
über dem Festland.

Tornados lassen sich
nur schwer vorhersagen.
Sie treten häufig in den
USA auf.

Ein Regenbogen zaubert leuchtende Farben an den Himmel.

## Prächtige Farben am Himmel

Wenn nach einem heftigen Regen
plötzlich die Sonne hervorkommt,
dann kannst du ihn sehen:
den Regenbogen.

## Woher kommt der Regenbogen?

In der Luft befinden sich noch
einzelne Wassertropfen vom Regen.
Die Sonne scheint durch sie hindurch.
Das Sonnenlicht ist nicht einfach weiß,
sondern es besteht aus vielen Farben.
Die Wassertropfen zerlegen
nun das Licht in seine einzelnen Farben.
Am Himmel werden die Farben sichtbar.
Je größer die Regentropfen in der Luft sind,
umso kräftiger leuchtet der Regenbogen.

# Rekordverdächtig!

Das Death Valley in Kalifornien, USA, ist einer der heißesten Orte der Erde. Hier wurden im Jahr 1913 unfassbare 56,7 Grad Celsius gemessen.

Bitterkalt ist es dagegen in der Antarktis. Die niedrigste Temperatur, die hier gemessen wurde, war minus 98,6 Grad Celsius im Juli 2004.

Die höchste Windgeschwindigkeit in Deutschland wurde im Juni 1985 auf der Zugspitze gemessen: 335 Kilometer pro Stunde.

Die meisten Gewitter in Deutschland gibt es am Rand der Alpen. Am wenigsten gewittert es an der Ostsee.

## Freds Lesequiz

### 1 Woraus bestehen Wolken?

a) Aus Wasserdampf.

b) Aus winzigen Wassertropfen.

c) Aus Kohlendioxid.

### 2 Hurrikane sind ...

a) riesige Wirbelstürme über dem Meer.

b) große Regengebiete in den Bergen.

c) harmlose Gewitter.

### 3 Ein Regenbogen erscheint, ...

a) wenn Regentropfen das Sonnenlicht in einzelne Farben zerlegen.

b) weil die Luft nach dem Regen farbig leuchtet.

c) weil Regentropfen farbig sind.

**Lösung:** 1b), 2a), 3a)

# Wetter und Klima

Planschen im Sommer und Snowboard fahren im Winter: Das typische Wetter bei uns in Europa macht beides möglich.

## Das Wetter wiederholt sich

Heute Regen, morgen Sonne –
das Wetter kann jeden Tag anders sein.
Manchmal ist es sehr wechselhaft,
manchmal tagelang gleich.

Bestimmte Wetterlagen kehren
mit der Zeit immer wieder.
So gibt es zum Beispiel Zeiten,
in denen es sehr warm oder kalt ist.
Oder Zeiten, in denen es viel regnet,
stürmt oder schneit.

## Was ist Klima?

Wissenschaftler beobachten
das typische Wetter einer Gegend
über einen langen Zeitraum.
Sie sammeln Wetterdaten und
ermitteln Gemeinsamkeiten.
So können sie das Klima
für dieses Gebiet bestimmen.

Mit dem Wort Klima meint man also
das gesamte Wetter, das über viele Jahre
an einem bestimmten Ort beobachtet wurde.

Unser Klima in Mitteleuropa
ist das gemäßigte Klima.
Das bedeutet, dass es bei uns
weder sehr kalt
noch besonders heiß wird.
Einzelne sehr heiße
oder sehr kalte Tage im Jahr
spielen für das Klima keine Rolle.

In der gemäßigten Zone
färben sich im Herbst
die Laubbäume bunt.

# Wüste und Eis

Auf der Erde gibt es fünf verschiedene Klimazonen.
Das sind große Gebiete, in denen immer dasselbe, typische Klima vorkommt.
Menschen, Tiere und Pflanzen, die hier überleben wollen, müssen gut an das Klima in ihrem Lebensraum angepasst sein.

Ganz schön vielfältig, unsere Erde!

- Tropen
- Subtropen
- Gemäßigte Zone
- Subpolare Zone
- Polargebiete

Hier liegt Deutschland.

Die **Polargebiete** befinden sich am Nordpol (Arktis) und am Südpol (Antarktis). Hier kann die Temperatur bis weit unter -50 Grad Celsius fallen.

In der **subpolaren Zone** gibt es nur kurze, kühle Sommer. Die Winter sind hingegen lang und kalt. Es fällt viel Schnee.

In der **gemäßigten Zone** sind die Winter nicht zu kalt und die Sommer nicht zu warm. Nur hier gibt es vier unterschiedliche Jahreszeiten.

Staubtrockene, heiße Sommer und nicht sehr kalte Winter: In den **Subtropen** befinden sich viele Wüsten und Savannen.

In den **Tropen** fällt sehr viel Regen. Hier ist es das ganze Jahr über feuchtwarm. In diesem Klima wachsen die Regenwälder.

## Die Erde – mal kalt, mal warm

Seitdem es die Erde gibt,
hat sich das Klima ständig verändert.
Eiszeiten und Warmzeiten
haben sich in Milliarden von Jahren
immer wieder abgewechselt.

Vor vielen Millionen Jahren zum Beispiel,
in der sogenannten Kreidezeit,
stampften die Dinosaurier
durch eine tropische Pflanzenwelt.
Das Klima war warm und feucht.
Es war sogar so warm,
dass das Eis an den Polen geschmolzen ist.

**Tyrannosaurus rex**

Der Aletschgletscher in der Schweiz ist der größte Gletscher der Alpen. Gletscher sind Überbleibsel aus der Eiszeit.

## Eiszeiten

Mit der Zeit wurde das Erdklima wieder kälter. Vor über 30 Millionen Jahren bildete sich das Eis am Südpol. Vor rund drei Millionen Jahren begann der Nordpol zu vereisen. Seine Gletscher reichten bis weit hinunter in den Süden. Sogar große Teile Europas waren von Eis bedeckt.

### Hast du gewusst ...

... dass Wollnashörner und Mammuts Tiere der Eiszeit waren? Mit ihrem dicken Fell waren sie perfekt für die Kälte ausgerüstet. Als es dann immer wärmer wurde, starben diese Tiere aus.

## Im Gleichgewicht

Warme und kalte Zeiten haben sich also auf der Erde schon immer abgewechselt. Doch dieses natürliche Gleichgewicht wird nach und nach gestört. Schuld daran ist der Mensch.

## Wie im Treibhaus

Die Sonne erwärmt unsere Erde. Dabei funktioniert die Atmosphäre wie das Glasdach eines Treibhauses. Sie hält die Wärme auf der Erde zurück. Dabei helfen die sogenannten Treibhausgase, vor allem Methan und Kohlendioxid. Das ist der natürliche Treibhauseffekt. Er ist wichtig, denn nur so ist es warm genug, damit Leben auf der Erde entstehen kann.

## Immer wärmer

Wir Menschen verändern aber
diesen natürlichen Effekt.
Wir pusten nämlich selbst immer mehr
Treibhausgase in die Luft.

Flugzeuge produzieren große Mengen Treibhausgase.

Das gilt vor allem für Kohlendioxid.
Es entsteht, wenn Erdöl, Gas
oder Kohle verbrannt wird.
Beim Autofahren, bei einer Flugreise,
beim Heizen unserer Häuser
oder wenn wir Strom verbrauchen:
Immer gelangt Kohlendioxid in die Atmosphäre.
So wird der Treibhauseffekt verstärkt.
Die Erde erwärmt sich immer mehr.

Bäume können aus Kohlendioxid, Wasser und Sonnenlicht Sauerstoff erzeugen. Deshalb sind Bäume so wichtig für uns.

## Was passiert dann?

Wenn die Erde sich weiter erwärmt,
könnte das Eis der Polargebiete weiter schmelzen.
Ebenso wie die Gletscher in den Gebirgen.
Dadurch würde der Meeresspiegel ansteigen.
Viele Inseln und auch Städte an den Küsten
würden überflutet.

Andere Gebiete der Erde dagegen
würden unter Trockenheit und Dürren leiden.
Menschen und Tiere könnten so
ihren Lebensraum verlieren
und müssten flüchten.

Wenn der Meeresspiegel weiter ansteigt, wird die italienische Stadt Venedig noch öfter überschwemmt.

## Klimaschutz geht alle an

Viele Treibhausgase sind schon in der Atmosphäre. Sie lassen sich von dort leider nicht mehr wegsaugen. Doch es ist noch nicht zu spät, etwas gegen die Erderwärmung zu unternehmen.

Windpark

In diesem Windpark im Meer entsteht klimafreundliche Windenergie.

## Was können wir tun?

Für den Klimaschutz ist es wichtig, so wenig Treibhausgase wie möglich zu erzeugen. Das erreichen wir zum Beispiel, wenn wir Energie sparen.

Außerdem gibt es heute auch umweltfreundliche Energie. Man kann sie mithilfe von Sonne, Wind und Wasser erzeugen.

Solarpark

Solarzellen fangen das Sonnenlicht auf. So wird umweltfreundliche Solarenergie erzeugt.

Die Neumeyer-Station in der Antarktis:
Hier erforschen Wissenschaftler
das Klima unserer Erde.

## Was machen Klimaforscher?

Klimaforscher überwachen das Klima
und schauen, wie es sich verändert.
Ihre Forschungsstationen liegen
zum Beispiel in der Arktis und Antarktis.
In den Polargebieten sehen sie nämlich
besonders deutlich,
wie sich das Klima entwickelt.

Das Eis an den Polen ist sehr alt.
Die Wissenschaftler bohren tief hinein.
Sie nehmen Proben, die sie genau untersuchen.
So lernen sie, wie das Klima früher war,
und können Veränderungen feststellen.

## Freds Lesequiz

### 1 In den Subtropen …

a) wachsen riesige Regenwälder.

b) gibt es Eis und Schnee.

c) befinden sich Wüsten und Savannen.

### 2 Welches Klima haben wir bei uns in Mitteleuropa?

a) Subtropisches Klima.

b) Subpolares Klima.

c) Gemäßigtes Klima.

### 3 Was wäre auf der Erde los, wenn es den Treibhauseffekt nicht geben würde?

a) Es wäre sehr heiß.

b) Es wäre bitterkalt.

c) Es würde ständig regnen.

**Lösung:** 1c), 2c), 3b)

# Wie wird das Wetter?

## Sonne oder Regen?

„Willkommen zum Wetterbericht!
Heute ist es noch überwiegend bewölkt.
In einigen Gebieten fällt Regen.
Morgen klart der Himmel auf.
Ab Mittag scheint überall die Sonne.
Die Temperatur steigt auf 28 Grad Celsius."

Sicher hast du auch schon einmal
so einen Wetterbericht im Fernsehen,
im Radio oder im Internet verfolgt.
Natürlich ist er besonders interessant,
wenn du am nächsten Tag etwas vorhast,
zum Beispiel einen Schulausflug
oder ein Picknick im Freien.

## Das Wetter vorhersagen

Aber wie entsteht eigentlich
eine Wettervorhersage?
Darum kümmern sich Wetterexperten,
die sogenannten Meteorologen.
Das sind Wissenschaftler,
die sich bestens mit dem Wetter auskennen
und es ständig beobachten.

## Wetter-Infos aus aller Welt

Die Wetterforscher bekommen pausenlos
Wettermeldungen aus aller Welt.
In riesigen Computern
werden die Informationen
gesammelt und ausgewertet.
So kann man berechnen,
wie das Wetter wird.

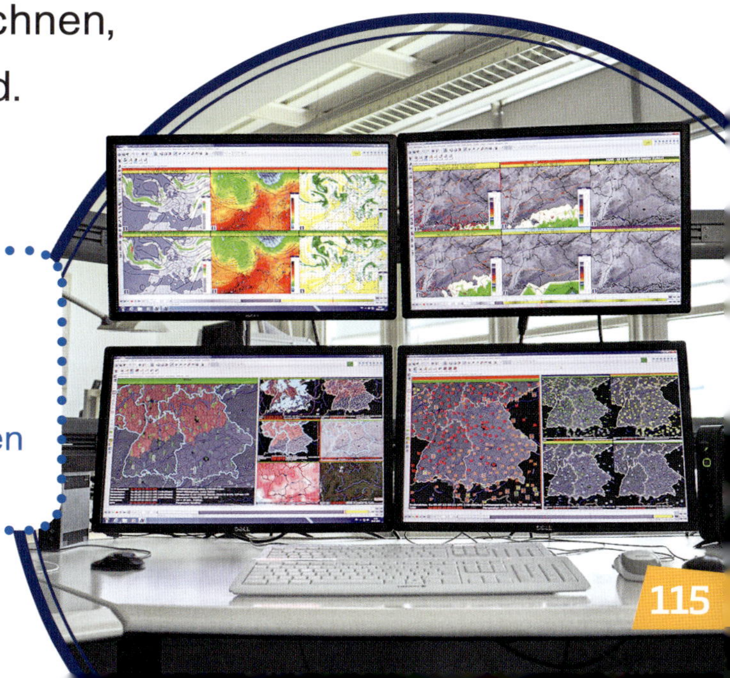

Der Arbeitsplatz
eines Meteorologen:
Hier werden
die gemessenen Daten
ausgewertet.

Viel Sonnenschein,
ein paar Wolken
und sogar etwas Regen:
Diese Wetterkarte
zeigt das Sommerwetter
über Europa.

## Wetter auf der Karte

Die Wetterexperten können
am Computer Wetterkarten erstellen.
Diese Karten zeigen die Wetterlage
in einem bestimmten Gebiet an,
zum Beispiel in Europa.
Wo gibt es Sonne, Regen oder Sturm?
Auf der Wetterkarte kannst du es sehen.

## Jede Menge Wetterdaten

Das sind zum Beispiel Informationen
über Temperatur, Luftdruck, Wind,
Regen, Sonnenschein und Wolken.
Und das sind noch längst nicht alle.

## Messen rund um die Uhr

Doch woher kommen diese Wetterdaten?
Überall auf der Welt gibt es
Wetterstationen und Wetterwarten.
Mit besonderen Geräten
wird hier das Wetter gemessen.
Und zwar jeden Tag rund um die Uhr.

Solche Wetterhütten enthalten Thermometer und andere Messgeräte.

Jede Stunde können die Meteorologen
neue Messwerte am Computer abrufen.
Aus diesen Daten entsteht
die neue Wettervorhersage.

Die Bergwetterwarte auf der Zugspitze ist die höchstgelegene Mess-Station in Deutschland.

## Fliegen und schwimmen

Aber nicht nur normale Wetterstationen
am Boden sammeln die wichtigen Wetterdaten.
Auch Flugzeuge, Schiffe
und sogar schwimmende Bojen im Meer
haben Messgeräte an Bord.
Sie schicken ihre Ergebnisse
per Funk oder Satellit rund um die Welt.

## Wetterballons

Und noch mehr besondere Flugobjekte
schweben am Himmel,
um unser Wetter zu erforschen:
die Wetterballons.
Sie transportieren Mess-Sonden
in die Atmosphäre.
Ein Wetterballon kann
bis zu 30 Kilometer hoch
in den Himmel aufsteigen.
Irgendwann platzt er.
Die Sonde hängt
an einem kleinen Fallschirm
und schwebt sanft zu Boden.

Wetterboje

Wetterballon

Dieser Satellit beobachtet das Wettergeschehen in der Atmosphäre.

## Beobachter im Weltall

Noch weiter oben, im Weltall,
wird das Wettergeschehen
von Satelliten genau beobachtet.

Alle paar Minuten erstellen Satelliten
Fotos von der Erde.
Meteorologen machen daraus
einen Satellitenfilm.
Darin kann man erkennen,
ob es Wolken gibt, wohin sie wandern
und ob sie sich zum Beispiel
zu Unwetterwolken zusammenbrauen.

Satelliten sind außerdem mit
supermodernen Messgeräten bepackt.
Tag und Nacht senden sie
ihre Informationen automatisch zur Erde.

## Werde Wetterbeobachter!

Wenn man das Wetter erforschen möchte,
muss man viele Wetterdaten sammeln.
Mach mit und werde selbst zum Wetterforscher!

Erforsche das Wetter eine Woche lang.
Beobachte zum Beispiel die Temperatur,
die Sonne, den Wind, die Wolken
und den Niederschlag.

Trage die Ergebnisse
in ein Wettertagebuch ein.
Vergleiche sie mit dem Wetterbericht
aus dem Radio, Fernsehen oder Internet.

## Alles Gute kommt von oben!

Mit einem einfachen Messbecher
kannst du im Garten
zum Beispiel die Regenmenge
oder die Schneemenge messen.

Regenmesser

Schau jeden Tag, wie viel Wasser
in deinem Regenmesser gelandet ist.
Danach gießt du das Wasser weg.

## Woher weht der Wind?

Einen solchen Windmesser
kannst du leicht selber bauen.
Klebe dafür einen Stoffbeutel
oder eine Papiertüte
an einen stabilen Stock.
Wie stark bläst der Wind heute?

Solche Windsäcke findest du häufig auf Flugplätzen. Auch an Brücken oder Autobahnen zeigen sie an, ob durch den Wind Gefahr droht.

## Wetter-Zapfen

Suche nach einem möglichst
großen Kiefernzapfen.
Stelle ihn auf dein Fensterbrett
und beobachte ihn.
Ist der Zapfen geöffnet?
Dann bleibt das Wetter erst einmal schön.
Der Zapfen öffnet sich, damit die Samen
vom Wind fortgetragen werden können.
Ist der Zapfen geschlossen?
Dann wird es feucht.
Der Zapfen schließt sich,
denn so sind die Samen
vor Nässe geschützt.

# Sag mal, Fred ...

## ... was ist so schön an deinem Teich?

Das ist sonnenklar: das Wasser!
Ich bade doch so gern. Und meine Haut muss ja auch immer schön feucht sein.

## Warum bist du eigentlich ein Wetterexperte?

Ich achte immer darauf, wie das Wetter wird. Regen finde ich toll! Wenn es regnet, ist immer genug Wasser in meinem Teich. Bei Sonnenschein verstecke ich mich lieber, sonst wird es mir zu heiß.
Außerdem kenne ich einen tollen Trick: Ich kann meine Körpertemperatur an die Wärme oder Kälte um mich herum anpassen. Wenn es draußen frostig ist, falle ich sogar in Winterstarre.

Toll! Aber warum machst du das?

Ich verbrauche dann weniger Energie. So kann ich den kalten Winter gut überstehen. Im Frühling werde ich dann wieder munter.

Können Frösche das Wetter vorhersagen?

Nein! Es ist allerdings so: Wenn es warm und sonnig ist, klettern Laubfrösche an Gräsern und Blättern nach oben. Denn hier fliegt ihre Lieblingsspeise herum: Insekten. Bei schlechtem Wetter fliegen die Insekten tiefer. Dann müssen die Frösche nicht klettern und bleiben auf dem Boden. Das hat zwar schon etwas mit dem Wetter zu tun. Echte Wetterfrösche gibt es aber nicht.

Danke Fred!
Und viel Spaß beim Planschen!

## Freds großes Lesequiz

**1 Wo gibt es keine Jahreszeiten?**

a) Am Äquator.

b) In Europa.

c) In Nordamerika.

**2 Wie heißt die unterste Schicht der Atmosphäre?**

a) Exosphäre

b) Troposphäre

c) Weltall

**3 Wo wird Luft schneller warm?**

a) Über dem Land.

b) Über dem Meer.

c) Es gibt keinen Unterschied.

**Lösung:** 1a), 2b), 3a)

## 4 Welche Wolken sehen aus wie Wattebäusche?

a) Zirrus-Wolken

b) Stratus-Wolken

c) Kumulus-Wolken

## 5 Wo bist du vor einem Gewitter sicher?

a) Im Auto oder im Haus.

b) Unter einem einzelnen Baum.

c) Im Schwimmbecken.

## 6 Woraus besteht Hagel?

a) Aus dicken Regentropfen.

b) Aus festen Eiskörnern.

c) Aus großen Schneeflocken.

**Lösung:** 4c), 5a), 6b)

## 7 Wie sieht ein Tornado aus?

a) Wie ein kreisrunder Wirbel.

b) Wie ein langer Trichter.

c) Oben schmal und unten breit.

## 8 Wie viele Klimazonen gibt es auf der Erde?

a) sieben

b) drei

c) fünf

## 9 Wetterexperten heißen auch ...

a) Meteorologen

b) Meterologen

c) Metreologen

**Lösung:** 7b), 8c), 9a)

## 10 Wo liegt die höchste Wetterwarte Deutschlands?

a) Auf dem Brocken.

b) Auf dem Feldberg.

c) Auf der Zugspitze.

## 11 Was kreist um die Erde und sammelt Wetterdaten?

a) Satelliten

b) Satteliten

c) Sateliten

## 12 Welcher Trick hilft Fröschen, den Winter zu überstehen?

a) Sie halten Winterschlaf.

b) Sie fallen in Winterstarre.

c) Frösche überleben den Winter nicht.

**Lösung:** 10c), 11a), 12b)

## Bildquellennachweis

**ESA**: 119o (CC BY-SA 3.0 IGO/D. Ducros 2002), 127mr (CC BY-SA 3.0 IGO/D. Ducros 2002); **flickr**: 32ul (CC BY-SA 2.0/NOAA Ocean Exploration and Research), 34ul (CC BY 2.0/NOAA Office of Ocean Exploration and Research, 2015, Hohonu Moana), 35ol (CC BY 2.0/NOAA OKEANOS EXPLORER Program, Oceano Profundo 2015; Exploring Puerto Rico's Seamounts, Trenches, and Troughs), 35ul (CC BY-SA 2.0/NOAA Office of Ocean Exploration and Research, Gulf of Mexico 2017), 53ul (CC BY 2.0/NOAA Okeanos Explorer Program, Gulf of Mexico 2012 Expedition); **GEOMAR**: 50ur (CC BY 4.0/Karen Hissmann), 51ol (CC BY 4.0/Emanuel Wenzlaff), 51or (CC BY 4.0/ROV-Team), 53ur (CC BY 4.0/ROV KIEL 6000); **mauritius images**: 33or (David Shale/Bluegreen Pictures); **NOAA**: 118m (Wetterboje: PD); **picture alliance**: 33ol (Sven Tränkner/Senckenberg-Gesellschaft), 35mr (CENSUS OF MARINE LIFE/A. Fifis/AP Photo/Ifremer), 115u (Alessandra Schellnegger/SZ Photo); **Shutterstock**: 4-5 (Robyn Gwilt), 6ol (Iakov Kalinin), 6or (andrey polivanov), 7ml (SergeUWPhoto), 9or (titoOnz), 9u (plena), 10-11 (titoOnz), 12mr (titoOnz), 12o (RWBrooks), 13o (Amy Nichole Harris), 13u (think4photop), 15or (Anton_Ivanov), 16u (frantisekhojdysz), 17o (Olikotova), 17u (Natursports), 18or (Henri Vandelanotte), 18ul (posteriori), 19ol (John Wollwerth), 19mr (kongsak sumano), 19ur (Frank Fichtmueller), 20ul (Dale Lorna Jacobsen), 20ur (Bernhard Staehli), 21o (Dale Lorna Jacobsen), 21ul (Schwarm: Andrea Izzotti), 22u (Eisberg: Egor Sergeevich 1988), 22u (Korallen/Qualle: ONYXprj), 24-25 (Lkzz), 26-27u (NoPainNoGain), 28o (Rich Carey), 29mr (EpicStockMedia), 30o (Joe Fish Flynn), 31ul (kikujungboy), 31um (Vladimir Wrangel), 31ur (feathercollector), 32ur (Viktoriya A), 36or (Alessandro De Maddalena), 36ur (Ramon Carretero), 37ol (aquapix), 37om (Sonia Hache), 38o (Heather Ruth Rose), 38mr (kongsak sumano), 39or (Shane Gross), 39ul (Christian Musat), 40o (Rich Carey), 40m (aquapix), 40u (John A. Anderson), 41ul (Rob Atherton), 42o (Mina Ryad), 42ur (Konstantin Novikov), 43ml (altug), 43mm (Valerijs Novickis), 43mr (Leonardo Gonzalez), 44mr (Krzysztof Odziomek), 44ul (Andrew Sutton), 46-47 (Jukkis), 48o (Jag_cz), 54o (Kitnha), 55o (Muharem Mehmed), 55u (Videologia), 56ol (Nightman1965), 57u (CHANUN.V), 61r (Dale Lorna Jacobsen), 62o (kikujungboy), 68-69 (Creative Travel Projects), 70or (Dmytro Balkhovitin), 70ul (smereka), 71ul (Belozorova Elena), 71um (Marcin Wos), 71ur (Sasa Prudkov), 72ul (IM_photo), 74u (Erdkugel: vectorplus), 75o (Jaroslav Machacek), 76ol (New Africa), 76om (Marius Pirvu), 76or (designerRoom), 77u (YanLev), 82-83 (ArnuphapY), 84o (dugdax), 86o (dan ciucu), 87um (Solodov Aleksei), 87ul (Akugasahagy), 87ur (Stevenson), 88ml (Wolkenengel565), 88ur (Creative Travel Projects), 89ml (Spinnennetz: Stephen Clarke), 89ml (Raureif: images72), 89or (adamada), 89ur (Peter Gudella), 90o (cobalt88), 91or (jctabb), 92o (Suzanne Tucker), 93u (lavizzara), 94u (Justin Hobson), 95o (Ozerov Alexander), 96or (tobkatrina), 96ml (sirtravelalot), 96mr (aquapix), 96ul (Luka70), 98-99 (Bernhard Staehli), 100ol (MNStudio), 100or (Maksim Fesenko), 101ur (John Keith), 101or (pryzmat), 101or (MaskaRad), 103ol (Denis Burdin), 103or (ichywong), 103ml (Simon Dux), 103ur (MonoRidz), 103ul (Horia Bogdan), 104ul (Puwadol Jaturawutthichai), 105ur (warpaint), 105or (Simon Dannhauer), 106ml (a40757), 107u (Wolfilser), 107or (Skycolors), 108u (pcruciatti), 109o (Tony Moran), 109u (Soonthorn Wongsaita), 112-113 (Harvepino), 114o (Wolken: TasfotoNL), 114o (Icons: VectorPot), 116o (Icons: VectorPot), 116o (Europakarte: ps-42), 117or (Perfect Gui), 117u (Shipov Oleg), 118ur (Wetterballon: Buquet Christophe), 120ur (Vadym Zaitsev), 121ur (islavicek), 121or (Ungar-Biewer), 125mr (dugdax), 126mr (ichywong); **Thinkstock**: 8u (Volodymyr Goinyk), 14o (Rui Miguel da Costa Neves Saraiva), 21ul (Krill einzeln: pilipenkoD); **Wikipedia**: 15ml (PD/Courtesy of NOAA/Institute for Exploration/University of Rhode Island (NOAA/IFE/URI)), 34mr (CC BY-SA 3.0/Nick Hobgood), 49mr (PD/U.S. Navy photo by Senior Chief Photographer's Mate Terry Cosgrove), 51ur (PD/Naval History and Heritage Command), 52om (CC-BY 4.0/MARUM – Zentrum für Marine Umweltwissenschaften, Universität Bremen), 63u (PD/Naval History and Heritage Command), 102u (CC BY-SA 3.0/Lord Toran), 110o (CC BY 4.0/Alfred-Wegener-Institut /Thomas Steuer)
**Umschlagfotos: Shutterstock:** U1o (Willyam Bradberry), U1u (Christopher Manzeck), U4o (EpicStockMedia), U4u (Smileus)

**Texte:** Christina Braun, Karin Bischoff
**Lektorat:** Sonja Meierjürgen
**Illustrationen:** Ruth Koch, Marie Gerstner, Sabine Fischer
**Bildredaktion:** Susanne Wiechert, Christine Schmidt-Rudloff
**Gestaltung:** Marie Gerstner, Ruth Koch
**Umschlaggestaltung:** Ruth Koch


Burgschmietstraße 2–4, 90419 Nürnberg
www.tessloff.com



ISBN 978-3-7886-8120-3

FSC
www.fsc.org
MIX
Papier | Fördert gute Waldnutzung
FSC® C002795

Kennst du schon unsere beliebten Einzelbände?

WAS IST WAS
Erstes LESEN
Band 2
Planeten
ORIGINAL
TESSLOFF

WAS IST WAS
Erstes LESEN
Band 13
Dinosaurier
ORIGINAL
TESSLOFF

WAS IST WAS
Erstes LESEN
Band 10
Unsere Erde
ORIGINAL
TESSLOFF

WAS IST WAS
Erstes LESEN
Band 11
Insekten
ORIGINAL
TESSLOFF